当代大学生双创素质教育培养机制研究

汪淑双◎著

中国出版集团 全国百佳图书
中国民主法制出版社 出版单位

图书在版编目（CIP）数据

当代大学生双创素质教育培养机制研究 / 汪淑双著.——
北京：中国民主法制出版社，2024.1

ISBN 978-7-5162-3505-8

Ⅰ.①当… Ⅱ.①汪… Ⅲ.①大学生－创造教育－研究
Ⅳ.① G640

中国国家版本馆 CIP 数据核字（2024）第 033198 号

图书出品人：刘海涛
出 版 统 筹：石　松
责 任 编 辑：刘险涛　吴若楠

书　　　名／当代大学生双创素质教育培养机制研究
作　　　者／汪淑双　著

出版·发行／中国民主法制出版社
地址／北京市丰台区右安门外玉林里 7 号（100069）
电话／（010）63055259（总编室）　63058068　63057714（营销中心）
传真／（010）63055259
http://www.npcpub.com
E-mail: mzfz@npcpub.com
经销／新华书店
开本／16 开　787 毫米 ×1092 毫米
印张／13　字数／214 千字
版本／2024 年 4 月第 1 版　　2024 年 4 月第 1 次印刷
印刷／廊坊市源鹏印务有限公司

书号／ISBN 978-7-5162-3505-8
定价／78.00 元
出版声明／版权所有，侵权必究。

前　言

　　当今社会处于变革的时代，对于大学生素质教育更应与时代共同前进。学生素质教育的重点是培养学生创新精神和实践能力，而进行大学生素质教育不仅可以促进大学生创新和创业，使解决就业难、人才结构不合理等困境得以摆脱，还可以促进大学生适应社会角色、发展健全人格。

　　创新创业教育是素质教育在市场经济条件下向纵深发展的时代体现。高校创新创业教育是否找准自己的"根基"和"灵魂"，需要时间检验。基于高校大学生创新创业素质教育开展的现状，立足大学生创新创业素质培养这一视角进行研究，分别探讨创新创业素质要素协同作用模式、"意识流""知识流"的作用、五项技能的切入要点，与市场、时代合拍的创业思维等内源性因素，和培养理念重塑、团队角色配置、生态系统构建以及评价体系形成等外源性因素，为提升高校大学生创新创业素质提供借鉴。

　　笔者在撰写本书的过程中，借鉴了许多前人的研究成果，在此表示衷心的感谢！由于本书涉及的范畴比较广，需要探索的层面比较深，难免会存在一定的不足，对一些相关问题的研究不透彻，恳请前辈、同行以及广大读者指正！

目　录

第一章 大学生创新创业教育人才培养

第一节 大学生创新创业教育人才培养目标的定位

人才培养目标是一种教育的性质，也决定了该类教育的改革和发展的方向。在中国，高校教育作为高等教育的一种类型，已被社会广泛认可，其类型属性的决定因素是人才培养目标。进入 21 世纪以来，中国高等职业教育在国家政治、经济政策的影响下，得到了快速发展，进行得如火如荼，高等职业教育呈现出内涵式发展的趋势。

一、高校人才培养的总体要求

高校应全面贯彻党的教育方针，落实立德树人的根本任务，坚持以创新引领创业、创业带动就业为主线，积极适应经济发展新常态。以推进素质教育为主题，以提高人才培养质量为核心，以创新人才培养机制为重点，以完善条件和政策保障为支撑，促进高等教育与科技、经济、社会的紧密结合。加快培养规模宏大、富有创新精神、勇于投身实践的创新创业人才队伍，不断提高高等教育对于稳增长、促改革、调结构、惠民生的贡献度。只有这样，高校才能为建设创新型国家、实现"两个一百年"奋斗目标和中华民族伟大复兴的中国梦提供强大的人才智力支撑。具体要求如下：

（一）坚持育人为本，提高培养质量

要把深化高校的创新创业教育改革作为推进高等教育综合改革的突破口，树立先进的创新创业教育理念。这种教育应面向全体学生，进行分类施教，结合专业，强化实践，促进大学生全面发展，提高人力资本素质。通过这种教育，我们努力培养大众创业、万众创新的生力军。

（二）坚持问题导向，补齐培养短板

要将解决高校创新创业教育存在的突出问题作为深化高校创新创业教育改革的着力点，将其融入人才培养体系。具体而言，我们应该不断丰富课程，采用创新的教学方法，强化师资队伍建设，改进创业帮扶，以推进教学、科研、实践的紧密结合，突破人才培养的薄弱环节，增强学生的创新精神、创业意识和创新创业能力。

（三）坚持协同推进，汇聚培养合力

将完善高校创新创业教育体制机制作为深化高校创新创业教育改革的支撑点。我们应该集聚创新创业教育的要素和资源，统一领导、齐抓共管、开放合作、全员参与，形成全社会关心支持创新创业教育和学生创新创业的良好环境。

二、新时期高校创新创业人才培养的目标任务

（一）完善人才培养质量标准

为了使创新精神、创业意识和创新创业能力能成为评价人才培养质量的重要指标，我们应该制定并实施本科专业类教学质量国家标准，修订实施高校高专专业教学标准和博士、硕士学位基本要求，并明确高校高专、本科、研究生创新创业教育的目标要求。相关部门、科研院所和行业企业也应该制定（修订）专业人才评价标准，细化创新创业素质和能力要求。不同层次、类型、区域的高校应结合其办学定位、服务面向和创新创业教育的目标要求，制定专业教学质量标准，并修订人才培养方案。

（二）创新人才培养机制

为了促进人才培养与经济社会发展、创业就业需求的紧密对接，我们应该实施高校毕业生就业和重点产业人才供需年度报告制度，完善学科专业预警和退出管理办法，并探索建立需求导向的学科专业结构和创业就业导向的人才培养类型结构调整新机制。同时，应深入实施系列"卓越计划"、科教结合协同育人行动计划等，多种形式举办创新创业教育实验班，探索建立校校、校企、校地、校所及国际合作的协同育人新机制，积极吸引社会资源和国外优质教育资源投入到创新创业人才培养。高校应打通一级学科或专业类下相近学科专业的基础课程，开设跨学科专业的交叉课程，探索建立跨院系、跨学科、跨专业交叉培养创新创业人才的新机制，促进人才培养由学科

专业单一型向多学科的融合型转变。

（三）健全创新创业教育课程体系

为了促进专业教育与创新创业教育的有机融合，各高校应根据人才培养定位和创新创业教育的目标要求，调整专业课程设置，挖掘和充实各类专业课程的创新创业教育资源，在传授专业知识过程中加强创新创业教育。同时，应面向全体学生开设研究方法、学科前沿、创业基础、就业创业指导等方面的必修课和选修课，纳入学分管理，并建设依次递进、有机衔接、科学合理的创新创业教育专门课程群。各地区和各高校应加快创新创业教育优质课程信息化建设，推出一批资源共享的慕课、视频公开课等在线开放课程，并建立在线开放课程的学习认证和学分认定制度。此外，还应组织学科带头人、行业企业优秀人才，联合编写具有科学性、先进性、适用性的创新创业教育重点教材。

（四）改革教学方法和考核方式

为了促进创新创业教育的有效实施，各高校应广泛开展启发式、讨论式、参与式教学，扩大小班化教学的覆盖面，并推动教师把国际前沿学术发展、最新研究成果和实践经验融入课堂教学，注重培养学生的批判性和创造性思维，以激发创新创业灵感。同时，应运用大数据技术，掌握不同学生的学习需求和规律，为学生自主学习提供更加丰富多样的教育资源。改革考试的考核内容和方式，注重考查学生运用知识分析、解决问题的能力，探索非标准答案考试，破除"高分低能"的现象。

（五）强化创新创业实践

各高校应当加强对大学生的创新创业实践指导和支持，鼓励大学生参加各种创新创业实践活动，包括但不限于科技创新、文化创意、社会创新等领域。支持学生创办创新创业项目，为其提供创业咨询、创业培训、创业孵化等服务与支持。同时，高校要积极与政府、企业、社会组织等各方面建立合作关系，为学生提供更加广阔的创新创业发展平台和资源。应加强创新创业教育与就业创业服务有机结合，为学生提供更加全面的创新创业支持和服务。

（六）改革教学和学籍管理制度

高校应该设置合理的创新创业学分，建立相应的学分积累和转换制度，同时将学生开展创新实验、发表论文、获得专利和自主创业等情况折算为学分。此外，高校应该为有意愿有潜力的学生制订创新创业能力的培养计划，建立创新创业档案和成绩单，客观记录并量化评价学生的创新创业活动情况。在学生的学习方面，高校应该支持参与创新创业的学生转入相关专业学习，并实施弹性学制，放宽学生修业年限，允许调整学业进程和保留学籍休学创新创业。最后，应该设立创新创业奖学金，其在现有的相关评优评先项目中拿出一定比例用于表彰优秀的创新创业学生。

（七）加强教师创新创业教育教学能力建设

各地区、各高校应该加强对教师的创新创业教育责任的明确，完善专业技术职务评聘和绩效的考核标准，加强对创新创业教育的考核评价。需要配备专职的创新创业教育与创业就业指导教师，并建立定期的考核和淘汰制度。同时，可以聘请知名的科学家、创业成功者、企业家、风险投资人等各行各业的优秀人才来担任专业课和创新创业课的授课或指导教师，并建立兼职教师的管理规范，形成全国万名优秀创新创业导师人才库。此外，应该将提高高校教师创新创业教育的意识和能力作为岗前培训、课程轮训和骨干研修的重要内容，并建立相关专业教师和创新创业教育专职教师到行业企业挂职锻炼的制度。高校也应该加快完善科技成果的处置和收益的分配机制，支持教师以对外转让、合作转化、作价入股、自主创业等方式将科技成果产业化，并鼓励教师带领学生一起创新创业。

（八）改进学生创业指导服务

各地区、各高校要加强创业导师队伍的建设，建立导师库和学生创业导师制度，聘请有经验、有技能、有能力的创业导师，为大学生提供有针对性的创业指导和帮助。建立创业导师的培训体系，加强创业导师的专业知识、创业技能、管理经验等方面的培训和提升。支持高校学生创业孵化基地、创新创业导师培训基地、高校科技园等机构，积极开展创新创业导师培训活动。加强创业导师的考核和评价机制，确保创业导师的服务质量和效果，为学生创业提供有力的保障。

此外，各高校还应该加强与政府、企业、社会组织等相关方面的合作，共同推动学生创新创业的发展。鼓励高校与政府合作开展创业扶持政策的宣传和落实，为学生提供更好的政策支持和服务。加强与企业、社会组织的合作，开展实践性创业项目，为学生提供更多的创业机会和实践经验。同时，高校还应该加强与国内外高校的交流与合作，推动创新创业教育国际化，为大学生的创新创业提供更加广阔的发展平台。

（九）完善创新创业资金支持和政策保障体系

资金是创新创业活动的重要保障，只有提供足够的资金支持，大学生才能更加积极地参与创新创业活动。除了政府和高校的经费支持，社会资金的投入也是非常重要的，特别是一些具有社会责任感的企事业单位和个人，他们的资金支持可以让创新创业活动更加多元化和广泛化。希望各地区、各有关部门和社会各界能够积极响应，提供更多的资金支持和服务，让更多有志于创新创业的学生能够实现自己的梦想。

第二节 大学生创新创业教育人才培养的策略

为了实现创新创业人才的培养，高校需要制定切实可行的教育策略。首先，高校应加强对创新创业教育的引导和组织，把创新创业教育纳入到专业课程中，开设相关的创新创业课程，给学生提供丰富的创新创业资源和学习机会。其次，高校要通过各种形式为学生提供创新创业实践的机会，包括创新实验室、创新创业比赛、创业讲座、创业导师团队等。同时，高校应建立完善的创新创业教育考核机制，以考核的形式推动学生积极参与创新创业活动。

此外，高校还应注重培养学生的创新思维和创业精神，通过创新创业教育引导学生在专业领域内思考问题、解决问题，以提高学生的创新能力；同时，通过创新创业教育培养大学生的市场意识、风险意识和创业精神，使大学生能够在未来的职业生涯中具有更好的适应性和竞争力。

最后，高校还应积极与社会各界合作，利用社会资源推动创新创业教育的发展。例如，可以与创新创业企业合作，为学生提供实践机会和创业资金支持；可以与科研机构合作，为学生提供科研项目和实验室资源；也可以与政府部门合作，为学生提供政策支持和创业指导。这些合作可以为学生提供更多的机会和资源，促进创新创业人才的培养。

一、高校学生就业能力提升的必要性

（一）机遇与挑战并存

经济危机对全球经济和就业都带来了挑战。在中国，每年都有大量的大学毕业生进入就业市场，而随着经济增长放缓，用人单位提供的职位数量变少，毕业生的就业压力也变得更大。特别是，对于那些刚刚毕业的大学生来说，面临着就业难、工作不稳定等问题，他们需要更多的支持和帮助来应对这些挑战。

经济危机的影响不局限于企业和行业，也影响到了高校毕业生的就业。当前，就业市场的竞争越发激烈，学历和专业已经不能保证就业的成功，具备一定的就业能力和就业技能已经成为求职者的必备条件。因此，高校应该重视对大学生就业能力的培养，才能让大学生在校期间就能够了解就业市场的需求和趋势，掌握一定的职业技能和技巧，增强自己的就业竞争力。同时，学校应该开展职业规划指导和就业信息服务，帮助大学生更好地了解就业市场的情况和就业前景，为大学生提供更多的就业机会和资源。只有这样，才能让大学生更好地适应就业市场的需求，为自己的就业打下坚实的基础。

不同地区的发展情况和经济水平对就业市场的影响是很大的。在东部地区，尤其大中城市经济发达，职位数量相对较多，对人才的需求也很大，是很多大学毕业生的首选就业地区。而在中西部地区，尤其中小城市，由于经济相对不够发达，对人才的需求相对较少，因此很难吸引大量的大学毕业生前往就业，即便政府出台了一系列的扶持政策，也难以完全扭转这种状况。这需要各地区根据实际情况，积极采取措施，加强经济建设，提高对人才的需求，吸引更多的优秀毕业生前往就业。

中国的经济发展速度令人瞩目，为社会提供了广阔的就业前景。政府在制定经济政策时也充分考虑到了就业问题，并采取了一系列措施来促进就业，如，实施西部开发战略、加入世界贸易组织、扩大内需等措施。此外，中国的人才流动机制也在逐步健全，高校毕业生也在不断提高自身素质和技能，为就业市场的竞争做好准备。企业在选拔求职者时更注重其能力和素质，这也为高校毕业生提供更广阔的就业平台。总的来说，中国的就业形势虽存在一些挑战，但也有许多机遇，高校毕业生需充分准备，不断提高自身能力和素质，才能够抓住机遇，顺利就业。

（二）扩招导致高校毕业生就业受冲击

政府可以通过加大投入、引导产业发展等方式创造更多的就业机会；高校可以加强教育教学质量，提高学生的综合素质和就业竞争力；企业可以优化招聘流程，更加科学地选拔合适的人才。

同时，学生也需要加强自身能力的提升和自我管理，拓宽就业渠道和增强自身竞争力。除了专业技能外，还需要掌握其他实用技能和软技能，提高自己的综合素质，增强自信心和适应力，为自己的未来就业奠定坚实基础。

在当今中国的就业市场中，毕业生不仅需要面对就业岗位数量的不足，而且还面临着许多其他问题。其中，地域、户口等问题是影响高校毕业生就业的主要因素。此外，不同行业对人才的要求也各不相同，导致有些毕业生即使有一定的专业知识和技能，也难以找到与自己专业对口的工作岗位。

对于这些问题，政府和社会应该采取措施以解决。政府可以通过制定更加灵活的就业政策来缓解就业压力，包括鼓励和支持大学生创业、推动劳动力流动和户籍制度改革等政策。社会各界也可以积极参与到解决这些问题的过程中来，为大学生提供更多的就业机会和帮助。同时，高校也应该加强就业教育，提高学生的就业能力和竞争力，使他们更好地适应就业市场的变化。

二、提高高校学生就业能力的策略

高校生就业能力的培养需要多方共同努力，不仅是高校自身的责任，也需要社会各方的支持和参与。除了高校要加强就业指导和职业教育之外，政府和企业应该积极出台政策，提高就业机会和待遇，鼓励创业和自主就业，提高人才的吸引力和竞争力。此外，社会也需要关注并尊重不同岗位的职业价值，给予更多的职业选择和发展空间，减少一些偏见和歧视，让更多人能够找到适合自己的岗位和职业发展道路。

（一）提高就业能力学生自身是关键

提高就业能力的关键因素是学生自身。学生需要从自己做起，积极提升自身的专业知识和技能，树立正确的就业观念，采取积极的就业行动。在大学期间，学生应该认真学习专业知识，积极参加各种活动，培养综合素质和实践应用技能，这些都为日后的就业成功提供了保证。同时，学生还需要树立科学理性的就业观念，摆脱传统的观念束缚，积极拓宽就业路子。最后，学生需要采取积极的就业行动，不断提高自身条件，了解就业市场现状，掌握相关法律法规，以便维护自身权益。只有学生自身不断努力提升，才能提高就业能力，顺利找到工作。

1. 做好职业生涯规划

对于高校大学生来说，正确树立职业价值观和做好职业生涯规划是非常重要的，这可以帮助他们更好地发掘自己的潜力和优势，为将来的职业发展打下基础。在职业规划过程中，学生应该充分了解自己的长处和不足，明确自己的职业目标，以有针对性地提高自己的职业素养和能力。同时，大学生还应该密切关注就业市场的变化，把握职业机会，提高在职场中的竞争力。在这个过程中，大学生要注重实践和总结经验，及时调整自己的职业规划，不断提升自己的综合素质和能力水平，才能更好地迎接职业挑战，实现自己的职业梦想。

2. 加强专业知识学习和应用技能提高

专业理论知识与实际应用技能的结合是高校人才培养的重要目标之一。理论和实践相辅相成，一个人只有掌握了扎实的理论知识，再通过实践应用掌握了一定的技能，才能在职场上更好地发挥出自己的能力和水平。因此在高校阶段，学生应该注重专业知识的学习，同时积极参加各种实践活动，锻炼实际操作应用的技能。例如，参加学生社团、实验室项目、创新创业竞赛等。这样不仅可以提高自己的综合素质，也可以让自己更加具备竞争力，以更好地适应未来的职场发展。

提高实践应用能力和扎实的专业理论知识对于高校毕业生找到稳定的就业岗位至关重要。同时，高校大学生在校期间也需要积极参与学校和企业提供的实习机会，通过真实的工作经验和接触了解岗位需求，不断提升职业素养和实践技能，为日后的就业做好准备。

高校大学生的就业稳定性和职业发展前景都与他们所具备的专业知识和实践技能水平密切相关。如果一个高校毕业生缺乏实践经验和专业知识，很可能在工作岗位上面临各种挑战和困难，这可能会给他们的职业发展带来一定的压力和限制。因此，提升专业理论知识和实践应用技能是高校大学生在校期间必须要努力提高的能力，也是他们为未来职业发展奠定基础的重要因素。

3. 做好实践技能和创新创业能力培养

实践是学习的重要组成部分之一，能够让学生更好地将理论知识应用到实际操作中，并培养学生的职业素养和团队协作能力。高校大学生应该尽可能多地参加各种实践活动，例如，科研项目、社会实践、志愿服务、创业实践等，不断提高自己的实践能力和综合素质，以更好地适应未来的职业发展。同时，学生也要注意把握实践机会，积极参与实践活动，善于总结经验教训，不断提高自己的能力，提高自身竞争力。

创新能力是高校毕业生在就业市场上非常重要的一项能力。创新能力的培养需要学校和用人单位的共同努力，学校可以通过提供多样化的教育教学方式和资源，激发大学生的创新思维和实践能力，比如，开设创新创业课程，组织创业实践活动，等等。同时，用人单位可以通过创新的工作模式和组织结构来激发员工的创新能力，提供更广阔的发展空间和机会。高校毕业生需要具备的不仅是专业理论知识和实践技能，还需要有较强的创新意识和能力，才能更好地适应未来的职业发展和社会变化。

高校可以为有创业意愿的大学生提供创业孵化服务，为他们提供创业指导、商业计划书撰写、资金申请、市场调查等方面的支持，让大学生在安全、有序的环境中进行创业尝试。同时，高校也可以积极与企业、投资机构等合作，为大学生提供更多的资源和机会。总之，高校应该积极引导和培养大学生的创业意识和创业精神，创造更多的创业机会和条件，让大学生在校期间能具备创业能力和创业思维，为未来的就业和事业打下坚实的基础。

4.重视岗前求职培训

岗前求职培训对于提升高校毕业生的就业能力非常重要，大学生需要重视这一点并积极参与。通过岗前求职培训，大学生可以了解企业的文化和制度，提前适应工作环境，提高实际操作能力和解决问题的能力，提升个人职业素养，增加就业竞争力。同时，大学生还可以通过培训了解就业市场的情况，明确自己的职业发展方向和目标，以制定个人职业规划，为将来的就业奠定基础。

对于高校大学生来说，职前培训和求职指导非常重要，它可以帮助学生了解招聘市场的现状和趋势，提前掌握求职技能，提高求职竞争力。同时，职前培训还可以帮助学生明确自己的职业规划和发展方向，了解自己的优劣势，为自己的未来职业发展打下坚实的基础。

此外，高校还应该通过不断创新教学模式和内容，以提升大学生的实践能力和创新能力。例如，开设实践课程和实习项目，提供真实的工作环境和实践机会，让学生在实践中掌握专业知识和技能，培养实践应用能力。此外，高校还可以开设创新创业课程和创业实践项目，鼓励学生发掘创新创业机会，培养创业意识和能力，为未来的职业发展打下坚实的基础。

5. 树立积极健康的心态

高校毕业生在面对就业选择时，要有一个全面的就业观念，避免盲目跟风。首先，要根据自身情况、个人兴趣和专业特长等因素进行职业规划，做到明确自己的职业定位和职业发展方向。其次，要了解就业市场的实际情况，掌握就业动态，了解各行业的就业前景和薪资水平等，避免盲目跟风选择就业方向。再次，要积极参加招聘会、网络求职平台等招聘渠道，争取多个就业机会，同时注意择优选择，不要轻易放弃。此外，要保持积极的心态，充分认识到就业是一个过程，需要不断努力和学习，不要轻易放弃自己的理想和追求。总之，要摆脱焦虑不安，理性看待就业选择，努力寻找适合自己的职业机会，为自己的未来发展打下坚实的基础。

除了高校大学生自身要转变就业观念、提高综合素质、积极获取相关信息外，整个社会大环境的改变也是必要的。政府应该通过制定更加明确的政策，鼓励企业提供高校大学生更多的实习机会、培训机会和职业发展空间，同时减轻企业的税费负担，提高企业的竞争力，从而带动整个社会的经济发展。此外，社会应该加强对创新创业的支持，为年轻人提供更多的机会和资源，让他们有更多的发展空间和选择，从而减轻社会的就业压力。只有通过整个社会的努力，才能够实现高校大学生的就业问题得到根本性的解决。

（二）高校人才培养要契合市场需求

高校在培养高校毕业生的过程中，需要更加注重与市场需求的契合度，根据市场岗位需求的变化及时调整专业设置和培养模式，以提高毕业生的就业能力。同时，高校还应该加强就业指导，为学生提供更多的就业信息和就业技能培训，帮助学生更好地适应就业市场的变化。高校毕业生的就业率和就业质量将成为评估高校教育质量的重要指标之一。

1. 就业能力培养与理论教学并重

高校大学生不仅需要扎实的专业理论知识，还需要过硬的实践应用技能和创新能力，才能更好地适应就业市场的需求。因此，高校在教学中应该注重理论教学和实践教学的结合，让学生在学习专业知识的同时，也能够进行实践探究。同时，高校也应该积极引导学生参加各种实践活动和实习，让学生亲身体验职场环境和工作方式，增强就业能力。

此外，高校还应该开设专门的就业指导课程，帮助大学生了解就业市场的动态和就业形势，提供就业政策和信息咨询，为学生提供更多的就业机会和资源。同时，高校还可与用人单位合作，开展双向选择招聘会和提供实习岗位，为大学生提供更多就业机会和实践机会，进一步提升大学生就业能力和竞争力。

2. 开展校企合作与工学结合

校企合作与工学结合是高校提升学生就业能力的重要途径之一。高校可以与企业开展多种形式的合作，例如，实习、实训、科研项目合作等形式，通过校企合作可以让大学生接触到真实的工作环境和实际工作中的问题，提升其实践应用技能和职业素养。

工学结合也是提升学生就业能力的重要方式之一。高校可以根据行业需求和企业对人才的要求，结合本专业实际情况，开展与企业合作的实践性项目，让学生在项目中获得实际经验，并掌握相关技能。同时，高校也可以邀请相关企业的专家和技术人员来校授课或进行学术交流，提升教学的实践性和专业性。

此外，高校还可以通过建设实践基地和实验室等方式，为学生提供更加完善的实践平台和条件，让学生能够在更加真实的工作环境中进行实践，提升实践能力和就业竞争力。

校企合作、工学结合模式也能够促进高校教育与社会需求的紧密结合，让高校人才培养更加贴近社会和市场需求，更好地满足社会经济发展的需求。同时，学生在校期间能够参与到实际的生产和研发中，接受实践锻炼，更好地适应职业生涯的发展。因此，高校应积极推动校企合作、工学结合模式的开展，加强与用人单位的联系，以提高教育教学质量，推动高校人才培养体系的不断优化和完善。

校企合作和工学结合可以实现高校教育和社会产业之间的有效对接，提高高校毕业生的就业能力和职业素养，使其更好地适应市场需求和实际工作。通过校企合作，高校可以了解用人单位对人才的需求和行业动态，更好地开展专业设置和课程改革，为学生提供更为贴近实际的教育和培训；而企业则可以通过与高校合作获取更多的优秀人才，解决用人难的问题，提高大学生自身的竞争力。同时，校企合作还可以推动科研成果转化，促进产学研紧密结合，推动科技创新和经济发展。校企合作和工学结合已经成为高校教育的必然选择，是实现高校和社会双赢的重要途径。

（三）完善高校毕业生就业指导体系

高校可以邀请企业招聘负责人、人力资源专家等来校进行讲座，向大学生介绍企业招聘的流程和方式，分享自己的求职经验和成功案例，以帮助学生更好地了解企业招聘的实际情况和应对方式。另外，高校还可以开展就业辅导、职业规划等课程，帮助学生了解自己的兴趣爱好、性格特点、职业发展方向等方面，从而使学生制定出符合自己特点的职业规划，并在求职过程中能够更加有针对性地进行择业选择和提升自身的就业竞争力。

高校可以邀请企业招聘负责人、人力资源专家等来校进行讲座，向大学生介绍企业招聘的流程和方式，分享自己的求职经验和成功案例，帮助学生更好地了解企业招聘的实际情况和应对方式。另外，高校还可以开展就业辅导、职业规划等相关课程，帮助学生了解自己的兴趣爱好、性格特点、职业发展方向等情况，从而制定出符合自己特点的职业规划，并在求职过程中能够更加有针对性地进行择业选择和提升自身的就业竞争力。

此外，高校还应该积极推进校企合作，为大学生提供更多实践机会，让学生在校期间能接触到实际工作，并且能够掌握与实际工作相关的专业技能和实践经验。这样不仅能够提高学生的就业竞争力，也能够帮助企业解决人才短缺问题。最后，高校还应该充分利用社会资源，与社会各界合作，为学生提供更多的就业机会和创业支持，促进学生顺利地实现就业和创业。

高校的就业指导不仅是为了让大学生找到一个工作，更重要的是帮助学生提升求职能力、掌握就业技能，让学生能够更好地适应职场。同时，就业指导还可以帮助学生了解不同的职业发展路径和职业规划，让学生更加明确自己的职业目标和方向。此外，通过就业指导，大学生可以更好地了解社会各行各业的工作内容、工作环境和企业文化，从而更好地适应职场，提升自己的职业素质。

（四）增强创业课程培训，提高创业就业能力

政府对大学生创业的支持是多方面的，除了提供税费减免、资金支持、贷款等优惠政策外，还包括为创业者提供相关的培训和指导，支持创业者在市场营销、知识产权等方面的需求，同时也能推动各行业的创新发展，为大学生创业提供更加广阔的发展空间和机会。这些政策的出台为大学生创业提供了更加宽广的平台和更加稳定的支持，能够帮助大学生更好地实现自身的职业发展；同时，为国家的经济发展和创新创业能力的提升做出重要的贡献。

创业不仅是大学生自身就业的一种方式，同时也可以创造更多的就业机会，推动社会经济的发展。政府、高校及社会应该共同合作，为大学生提供更好的创业环境和支持，包括提供创业资金、创业指导、创业培训、创业场地等方面的支持，同时也鼓励更多的大学生参与到创业中来，为社会经济的发展贡献自己的力量。在此过程中，大学生也需要不断学习和提升自身的创新能力、创业精神和创业技能，以适应市场和经济发展的变化，更好地实现个人价值和为社会创造贡献。

总的来说，高校要注重培养学生的实践能力和创新能力，提升他们的就业能力和创业能力。政府和社会也要积极扶持和鼓励大学生创业，提供政策和资金支持，创造给大学生更多的创业机会，帮助大学生创造更多的就业机会。同时，大学生自身也要努力提高自身素质，不断学习和掌握新知识、新技能，积极参与实践和创新活动，提高自身的就业和创业能力，为自己的未来打好坚实的基础。

三、加强政府的宏观调控和高校的自主权

政府还应该通过制定有利于高校毕业生就业的政策，促进企业招聘大学生，例如，给予企业一定的税收减免、奖励或其他优惠政策，从而鼓励企业增加招聘大学生的数量和比例。政府还可以采取扶持创业、支持创新的政策，促进创业园区的建设，支持高校毕业生的创业活动，为他们提供必要的支持和资源，助力他们成长为创业者，提升整个社会创新创业的能力和竞争力。

此外，政府还应该加强对劳动力市场的监管，遏制非法用工、违法用工等不法现象的发生，保障劳动者的合法权益，促进劳动力市场的公平和稳定。同时，加强对失业人员的援助和培训，提高其就业能力和素质，为他们

重新就业提供必要的支持和保障。

综上所述，政府在高校毕业生就业问题上扮演着重要的角色，应该采取积极有效的政策措施，促进高校毕业生的就业和创业，推动劳动力市场的稳定和健康发展。

（一）扩大宣传，树立培养学生就业能力的意识

政府应该为高校毕业生提供公平的就业机会，加强对用人单位的监管，建立健全的就业歧视举报和处理机制，保障高校毕业生的权益。同时，政府应该加强高校宣传工作，提高高校在整个社会中的认知度和营造良好形象，让更多的用人单位了解高校毕业生的优势和潜力，为他们提供更多的就业机会。政府还可以通过鼓励和支持高校毕业生创业、推动产业转型升级等措施，帮助他们解决就业问题，进而提高整个社会对高校教育的认可度和信任度。

政府部门在高校毕业生就业问题上的作用是非常关键的。政府应该积极履行职责，为高校毕业生提供更多的就业机会和公平的竞争环境。同时，政府也应该坚持市场导向，鼓励高校毕业生积极争取就业机会，不断提高学生自身的竞争力和适应市场的能力。此外，政府还应该加强对就业市场的监管和管理，减少就业歧视的发生，为高校毕业生提供更加公平的就业环境。最后，政府还应该加强对高校毕业生的入职前培训和教育，提高其就业能力和素质，进一步增强其竞争力，为他们顺利进入职场提供更好的保障。

政府部门的政策引导和规划对高校毕业生就业的影响是深远的。政府应该对市场的变化进行及时了解和分析，调整相关政策和措施，使其与市场需求相适应。同时，政府部门应该鼓励高校在教学过程中注重培养学生的实际能力和市场竞争力，提高学生的实践能力和综合素质，使学生更好地适应市场需求，提高就业能力。

（二）重视投入，加强政策支持力度

政府部门在高校毕业生就业方面的作用不可忽视。政府部门可以通过资金、政策等方面的支持帮助高校毕业生更好地实现就业。此外，政府部门也可以通过与用人单位建立合作关系，推动高校毕业生更好地就业。同时，高校也应该积极争取政府的支持，不断完善教育教学体系，提高大学生的就业能力。政府、高校、用人单位等多方合作，才能让高校毕业生更好地实现就业。

政府部门需要采取更积极的措施来解决。首先，政府应该增加对高校教育的投入，提供更多的资金支持，以改善高校的教学设施和实训条件，进一步提高高校教育的质量和效果。其次，政府也应该加强对高校校企合作的监管和指导，鼓励高校与企业之间的紧密合作，推动工学结合教育模式的发展。同时，政府也可以出台更多的激励政策，吸引更多的企业参与到校企合作中来，提高教育质量和学生就业能力。另外，政府还应该加强与高校之间的沟通和协调，及时掌握高校学生的需求和问题，加快解决高校教育发展中遇到的问题，为高校提供更好的发展环境和机会。

（三）政策支持，提供就业能力培训服务

政府在高校教育中的资金支持是非常重要的。除了对高校提供资金支持外，政府部门还可以在政策方面给予高校更多的支持和鼓励。例如，政府可以鼓励和支持高校在校内设立创新创业孵化中心，为学生提供创业培训和支持，以提高他们的创业意识和创新能力；政府还可以设立专项资金，用于支持高校开展人才培养项目，如，校企合作、工学结合等项目，增强学生的实际应用技能，加强学生的实践能力培养。

政府还可以加强对高校毕业生的就业市场监管，维护毕业生的合法权益，对违法用工、就业歧视等行为进行打击，确保高校毕业生在就业中得到平等的机会和待遇。总之，政府在高校教育中的角色非常重要，其需要为高校提供多方面的支持和帮助，以推动高校教育的良性发展。

第二章 大学生素质教育与创新创业教育协同发展

第一节 大学生素质教育与创新创业教育的协同发展

一、素质教育是创新创业的基础

素质教育与创新创业教育相互匹配和促进的过程需要协同发展。由于创新创业过程周期较长、风险较大、环节琐碎，而良好的创业教育的匹配和渗透是创新创业过程所依赖的。实践性、创新性和创业性是当前高等教育改革的主要特征之一。高校应该注重培养学生的实践能力和创新精神，推动教育教学改革，提高学生的综合素质，同时建立完善的创新创业教育体系，积极培养创新创业人才。创新创业教育需要教师、企业和学生之间的密切合作，不仅需要政府的支持和投入，还需要学生自身的努力和追求。只有通过多方合作和共同努力，才能够推动创新创业教育的深入发展，培养更多的创新创业人才，推动经济社会的发展。

二、创新创业是创业教育的实践化和具体化

实践是创新创业教育的重要环节，创业孵化作为实践环节的延伸和扩展，能够帮助大学生将创新创业的理论知识转化为实际操作能力，能让大学生在实践中深入体会和掌握创新创业的本质。通过创业孵化，大学生可以在具体的创业项目中不断完善自己的创业思维、创业技能和丰富创业实践经验，更好地为日后的创业或就业做准备。同时，创业孵化还可以促进大学生与企业、行业、投资者等各方资源的深度融合，增强大学生的创业实践能力和创新创业意识，推动创新创业的全面发展。

构建创业教育、创业孵化过程模型，需要高校、企业、投资人等多方协同合作，以促进创新创业生态的健康发展。在具体实践中，可探索以下方式：

（一）加强校企合作

高校与企业之间的合作，有利于培养创新型技能人才。高校可邀请企业家、创业导师等专家进入校园，开展实践课程、讲座等活动，提高大学生的实践能力和创业意识。同时，高校也可为企业提供技术支持和人才培养的帮助。

（二）推进投融资机制改革

高校应积极探索创业投融资机制，鼓励创业团队利用股权融资、债权融资等方式获取资金。政府也可以加大对高校创新创业项目的资金支持力度，以促进创新创业的发展。

（三）建设创业孵化基地

高校应积极建设创业孵化基地，提供实验室、办公室、会议室等必要设施，为创业团队提供全方位的支持和帮助。创业孵化基地还应提供创业导师、法务、财务等方面的专业支持，帮助创业团队解决各种问题。

（四）加强社会联动

高校应积极与社会各界建立良好的合作关系，引入社会资源，提高创新创业项目的可持续发展能力。政府也应加强对创新创业的政策支持，吸引更多社会力量参与到创新创业中来。

总之，创业教育与创新创业协同发展模式需要高校、企业、政府等多方协同合作，以共同推进创新创业的发展，培养更多的创新型技能人才，为国家经济的持续发展提供有力的支撑。

创新创业教育作为素质教育向纵深发展的时代体现，需要各高校找准自己的"根基"和"灵魂"，并不断探索适合自己的创新创业教育模式。随着社会经济的发展，创新创业已经成为了当今社会的热门话题，而大学生作为国家和社会未来的中坚力量，他们的创新创业能力已经成为了各高校教育工作中的一个重要部分。因此，各高校应该积极推进创新创业教育，构建创新创业教育体系，提升大学生的创新创业能力，推动学生更好地适应未来的社会和经济发展。同时，也应该加强创新创业教育的针对性和实效性，注重对大学生实践能力的培养和提高。

三、高校大学生创新创业教育协同创新政策保障机制研究

（一）构建多组织联动协同创业政策保障机制

这种机制可以使高校、企业、政府和行业协会等多个组织形成联动，为大学生创业提供更多的政策和资源支持，同时也可以加强各组织之间的合作和协调，形成保障创业的有力体系。

具体来说，高校可以在创业教育中加强与企业和行业协会的合作，通过产业调研、专业导师团队、专业课程设计等方式提高创业教育的实效性和实用性。同时，高校还可以通过设立创业基金、提供场地和设备支持等资源，为学生创业提供必要的保障。

政府可以制定创业扶持政策，例如，创业补贴、税收减免、创业贷款等，为大学生创业提供资金和政策保障。政府还可以积极引导企业和社会组织参与到大学生创业中，营造良好的创业氛围。

企业和行业协会可以为大学生提供专业知识和技能的培训，为创业团队提供导师和合作伙伴等支持。同时，企业和行业协会也可以利用自身资源，为大学生创业提供资金、技术和市场的支持。

总之，多组织联动协同创业政策保障机制可以使各组织之间形成合力，为大学生创业提供更多的支持和保障，加速创业团队的成长和发展，也可以促进高校和社会的协同发展。

（二）建立多元化的大学生创业资金保障机制

资金是大学生创业的重要支撑，建立多元化的大学生创业资金保障机制可以帮助大学生创业团队解决资金瓶颈问题，让创业者更专注于创新创业过程本身，实现创业过程的顺利实现。除了提到的设立大学生创业基金、放宽担保贷款的条件、积极推动社会力量帮助创业团队融资等方式，还可以探索利用股权众筹、风险投资等方式来支持大学生创业，引导社会资本更多地投入到大学生创业领域中，同时也促进了高校与社会、行业的深度融合，实现资源优势互补、共同发展。

（三）构建开放性的高校大学生创业服务平台，从根本上保证创业过程的顺利推动与实践

此外，为了提高大学生的创新创业能力，还应该积极推进高校与企业之间的合作，搭建更多的实习、实训、实践平台，通过与企业的合作来提高

学生的实际操作能力和创业素质。

同时，建立完善的创新创业教育评价机制，对高校的创新创业教育进行全面的评估，从而不断完善和提高高校的创新创业教育水平。最后，还应该积极推进政府、企业和高校之间的合作，建立起政府、企业、高校三位一体的创新创业服务平台，为大学生创业提供更加全面和精准的支持和帮助，真正发挥出高校创新创业教育的推动作用。

第二节 大学生素质教育与创新创业教育的协同路径

一、大学生素质教育与创新创业教育体系的构建

（一）创业教育是素质教育和创新教育的深入化与具体化

创业教育不仅需要注重创新创业能力的培养，也需要注重大学生综合素质的培养。大学生只有具备良好的思维能力、实践能力、沟通能力和团队合作能力，才能更好地应对复杂的创业环境和挑战。因此，高校应该注重创业教育和素质教育的深入融合，将创业教育纳入素质教育体系中，注重大学生创业能力的同时，更要注重大学生的综合素质提升。

（二）创新精神和创业能力是人才综合素质的集中表现

创造力和创新力是人才的本质特征和核心素质，是实现个人和社会发展的重要驱动力。创新不仅仅是发明或发现新事物，还包括重新组合已有的知识和技术，以及应对新的社会和环境变化。在高等教育中，培养大学生的创新能力是至关重要的，这需要通过高校提供开放、创新、实践的教育环境，激发大学生的创新潜力和兴趣，提高大学生的创新能力和实践能力。同时，还需要通过创新创业教育，引导大学生将创新能力转化为创业行动，为社会和经济发展做出积极的贡献。

除了个人素质，创新人才还需要具备相应的技能和知识，如，信息技术、工程设计、市场营销、财务管理等。此外，创新人才还需要具备开放的良好心态和良好的团队合作精神，能够与其他领域的专家、企业家、投资人等进行沟通和合作，实现创新创业的跨学科和跨领域融合。只有具备了这些素质和技能，创新人才才能在竞争激烈的市场中脱颖而出，成为引领未来发展的重要力量。

创新人才是具备较高素质和能力的综合型人才，他们具有良好的创新意识、创新精神和创新能力。而这些素质往往是通过系统的素质教育得以培养和提升的。素质教育不仅仅是知识和能力的传授，更重要的是，对大学生思维方式和个性品质的培养，为其今后的发展打下坚实基础。创新人才的培养需要从素质教育入手，不断推进创新创业教育的深入化和具体化，注重学生的全面素质培养，推动中国人才培养事业的发展。

1. 树立以创业教育为核心的素质教育观念，完善创业制度

教师和大学生都应该树立以创业教育为核心的素质教育观念，提高学生的创新精神和创业能力为目标。对于教师而言，要不断更新教育理念，不断学习新知识和新技能，积极参与创业实践和研究，以便更好地指导学生，帮助他们成为优秀的创业人才。对于学生而言，他们需要具备勇于创新、善于创新和乐于创新的精神，同时还需要具备良好的实践能力、组织管理能力、团队合作能力等多种能力，这些能力是在实践中不断提高的。

另外，高校还应该积极探索多种创新创业教育的形式，如，开展创新创业竞赛、组织创新创业实践课程、引导学生参加实习等，这些教育形式能够培养学生的实践能力和组织管理能力，使学生在实践中更好地提高其创新和创业能力。同时，高校还应该建立多元化的资金保障机制，为学生的创新创业提供有力的资金保障，以确保学生的创业活动顺利进行。

高校还需要积极推动学生创业实践基地的建设和运营，为学生提供优质的创业资源支持，培养学生的实践能力和团队协作精神。同时，应加强创业导师队伍建设，引进优秀的创业导师，以实际经验帮助学生解决创业中遇到的问题，提供专业的指导和建议，促进学生的创新能力和创业成功率。另外，高校还可以与政府、企业和社会各界建立合作关系，通过创业比赛、创业基金等方式支持和鼓励学生创业。因此，高校需要全面推进创业教育，建立健全的制度机制，提供优质的资源和支持，培养创业型人才，为创业人才的培养和社会的发展做出贡献。

2. 改革课程设置，重构以创业教育为核心的素质教育教学模式

创业教育的课程设置还应该注重实践教学的内容，即让学生能够通过实践，深入了解市场经济的运作规律和商业运营的实际操作，掌握与创业相关的技能和实战经验。可以通过实习、实践课程、创业实验室等方式，让学

生在真实的商业环境中进行创业实践，加深对创业知识和技能的理解和掌握。此外，也可以引导学生参加各类创业比赛、创业训练营等活动，提高学生的创业实践能力和竞争力，进一步激发创业精神和锻炼创新能力。

3. 大力加强创业师资的培养和创业研究

高校教师应当具备一定的实践经验，才能更好地为大学生提供指导和支持。此外，与国外高校的合作也可以为高校引进更先进的创业教育理念和技术，为学生提供更广阔的国际视野和国际交流平台。同时，也可以促进国内高校的教育改革和创新发展，提高中国高校的创业教育和创业人才培养的水平。

4. 创业教育应与丰富多彩的校园文化有机结合

大学生创业教育中第二课堂的作用是非常重要的，它可以提供更多的机会和平台，让学生在实践中提高创业意识和能力。同时，通过学术报告、研讨、辩论、科研竞赛、创业交流等活动，可以让学生了解创业市场和提高创新技术，提高学生的创业素质和实践能力。创业计划大赛等活动则是为学生提供展示创业才能的舞台，为学生提供更多的机会和资源，帮助学生完成从学校到社会的顺利转化。

二、调整优化课程体系的基本原则及主要路径

（一）优化课程体系的基本原则

课程体系的优化是一项系统工程，既要考虑课程的复杂性与特殊性，也要综合考虑影响因素的作用。为了确保课程体系优化与发挥整体功能，必须遵循科学原则。

1. 系统性原则

在进行课程体系优化改革时，需要采取一系列措施，例如，广泛征求意见，了解学生和教师的实际需求和意见，根据实际情况制定改革方案，合理规划教学资源，注重教学质量和效果评估，持续监测和完善课程体系等措施。同时，还需要加强学科之间的交叉和融合，打破学科壁垒，建立跨学科教学体系，推动学生全面发展。此外，要注意保持课程体系的稳定性，避免进行频繁的改革，造成学生和教师的不适应和混乱。课程体系的改革优化是一个复杂的过程，需要高校和社会各方共同努力，才能实现教育质量和教育效果的双赢。

课程体系的优化需要系统性思维和综合性考虑，以确保课程内容的协调和一致性，使课程之间能够互相补充和增强。同时，也需要考虑整个课程体系对学生综合素质的培养情况和社会需求的适应性，从而达到课程体系的协调和整体性的提升。

2. 可持续发展性原则

随着社会的快速发展，教育的可持续发展已经成为一项迫切需要完成的任务。只有根据社会发展的实际需求，不断调整和优化课程体系，才能更好地培养符合社会需求的人才，推动教育的可持续发展。同时，注重提高教育教学质量和学生的综合素质，也是保障教育可持续发展的重要保障。在在此基础上，学校才能持续地发展，为社会做出更大的贡献。

3. 前瞻性原则

高等教育不仅要注重传授基础性知识，更要强调学生的创新能力和实践能力。随着科技的不断进步，人才市场需求也在不断变化，高等教育机构必须紧跟时代潮流，优化课程体系，以培养具有实践能力和创新能力的人才，才能适应社会的需要和发展。除此之外，高等教育还应注重提高学生的综合素质和道德修养，通过开展课外活动和社会实践，加强学生的团队合作能力和社会责任感，帮助学生全面发展。

4. 少而精原则

在当前知识爆炸的时代，学生的学习时间和精力都是有限的，因此我们需要控制课程数量，提高课程质量，确保学生能够掌握必要的基础理论和知识，同时也注重培养学生的创新能力和实践能力，使他们能够运用所学知识解决实际问题。同时，确保课程体系内部各知识点之间存在的内在联系，课程间的衔接与配合也非常重要，这样才能避免重复学习和知识脱节的问题。优化本科课程体系应该是一个不断更新和迭代的过程，始终保持对社会经济、科技和教育发展的关注和适应，以实现学生全面发展和人才培养的目标。

5. 个性化原则

本科课程体系的个性化设计应该综合考虑多方面因素。以下是对所提到的三个方面的解释。

其一，符合学校办学实际，体现学校办学特色。每所高校都有自己的办学定位和特色，其本科课程体系也应该有所体现。例如，某些学校可能在某些专业领域有着特别的优势，应当将这些领域的课程设置为重点发展方向，并注重强化与该领域相关的教学资源、师资队伍等方面的建设。同时，每所学校的办学环境、师生结构、财力等多种因素也应该被纳入考虑范畴。

其二，反映专业发展特点与优势。每个专业领域都有着自己的发展方向和特点，对于本科课程体系的设计来说，应该重点考虑这些因素。例如，某些领域比较注重实践能力的培养，在课程设计上应该注重加强实践环节，提高学生的实际操作能力；而另一些领域则更加侧重于理论知识的积累，在课程设置上应该注重知识结构的梳理和强化。

其三，突出对学生个性的培养：每个学生都有着不同的兴趣、优势和特长，在本科课程体系设计中，也应该注重对学生个性的关注和培养。例如，对于一些具有特殊兴趣和特长的学生，可以在课程体系中设置相关的选修课程，以满足他们的学术兴趣和职业发展需求。另外，对于那些在某些方面存在短板的学生，应该在课程设计中注重对其进行有针对性的帮助和提高。

（二）调整优化课程体系的主要路径

其一，分析研究课程体系的现状。对当前的课程设置、内容、教学方法、学生反馈等方面进行深入的分析和研究，找出存在的问题和瓶颈，明确需要进行改进的方向和重点。

其二，明确课程体系优化的目标。明确本次优化的目标，如提高课程的适应性、提升学生综合素质、增强课程的实践性等，确保优化的方向和明确目标，以便后续的优化工作有的放矢。

其三，制订课程体系优化计划。在明确目标的基础上，制订可行的课程体系优化计划。计划要具体、可操作、可持续，包括优化方案、实施步骤、时间节点等步骤，以便能够按计划有序地推进课程体系的优化工作。

其四，加强教学团队建设。教学团队是推进课程体系优化的核心力量，要加强教师队伍的建设，提升教师的教学水平、创新能力和教育教学理念，建立师资培训体系，提高教师的专业素养和实践能力，以不断优化教学质量。

其五，优化教学资源配置。为了推进课程体系的优化，需要优化教学资源的配置，如建设优质的教学设施、购置先进的教学设备、完善教学资源库等方式，确保教学资源的充分利用和有效配置。

其六，强化教学质量监控。对课程体系优化实施过程中的教学质量进行监控和评估，及时发现和解决问题，确保教学质量和课程体系优化的效果。

其七，加强与社会的联系。加强与社会的联系，了解社会需求和行业发展趋势，加强建立和完善与企业、行业协会等相关机构的合作关系，加强校企合作，实现课程体系与社会需求的有效衔接。

三、交叉学科教育与创新创业人才培养

（一）交叉学科对创新创业人才培养的作用

知识跨越和思维跨越是交叉学科跨学科的主要特性，交叉学科培养创新创业人才的最大优势便在于此。因此，交叉学科的教育，可以有效地拓展学生的知识结构、完善学生的思维体系和扩展学生的视野，提高学生发现问题、提出问题和解决问题的能力，提高学生的创新思维与创新能力。

1. 拓展学生的知识结构

学生创新能力的源泉是合理完善的知识结构，交叉学科跨学科特性的一个表现就是知识的跨越，跨学科的知识结构可以给予学生打造更为宽广和厚实的学科知识基础，在学科交叉的路径上，完成复合型、创新型人才的知识结构储备，增强和延展学生学科基础知识的复合性。因此，要调整优化课程体系，才能更加有效地设置交叉学科知识。

2. 改善学生的思维体系

改善学生的思维体系需要从多个方面入手，包括但不限于以下几方面。

其一，强化基础学科的教育。基础学科的教育是培养学生科学思维和逻辑思维的基础，必须注重基础学科的教育。在基础学科教育中，要注重培养提高学生的基本技能和知识，如语文、数学、自然科学等。

其二，培养跨学科思维。跨学科思维是指学生能够将多个学科的知识和思维方式结合起来，进行综合性的思考和创新。在学生的课程设置中应该开设跨学科课程，培养学生跨学科思维能力，例如，交叉学科课程、综合性实践课程等。

其三，培养创新思维。创新思维是指学生能够从新的角度出发，发现问题，寻找解决问题的方法。在学生的教育中，应该注重培养学生的创新思维，通过课程设计、实践活动等方式，激发学生的创造性和创新意识。

其四，加强实践教育。实践教育是指学生在实践中获得知识和技能的过程。通过实践教育，学生能够将所学知识应用于实践中，进一步强化和巩

固所学内容，并培养其实践能力和创新能力。

其五，推动教育改革。教育改革是推动学生思维体系改善的重要途径。教育部门应该不断推动教育改革，从教育理念、课程设置、教学方法等多个方面入手，创造有利于学生思维体系改善的教育环境和氛围。

3. 扩展学生的视野

扩展学生的视野是教育的重要目标之一，可通过以下几个方面实现。

其一，开设多元化的课程。学校可以通过开设多元化的课程，涵盖不同领域的知识，从而拓展学生的知识面和视野。这些课程可以包括跨学科课程、国际课程、社会实践、文化活动等形式。

其二，推广国际交流。学生可以通过国际交流了解其他国家和其文化，开拓自己的视野和思维方式。学校可以通过与国外学校建立联系，举办国际学术研讨会、文化交流活动等方式来促进国际交流。

其三，利用信息技术手段。学校可以利用信息技术手段，如，网络教学、虚拟实验室等，让学生可以随时随地地获取信息和知识，了解世界上最新的科技和文化动态，拓展视野。

其四，丰富课外活动。学校可以开展各种形式的课外活动，如学术比赛、文化节、实践活动等，让学生参与其中，通过接触不同的人和事物，增加体验和实践的机会，从而开拓自己的视野。

其五，鼓励学生阅读。学校可以鼓励学生阅读各种书籍、杂志和报纸，尤其国际上的著名作品，从而拓展学生的知识面和思维方式。

4. 为人才培养模式创新提供着力点

交叉学科教育可以促进学生的综合素质和创新能力的培养。提高交叉学科教育可以让学生在不同领域的知识和思维方法之间相互融合，形成独特的思维方式和创新思路。此外，交叉学科教育还可以提高学生的综合素质，培养他们的团队合作能力和跨文化沟通能力。这些素质对于学生未来的职业发展和社会适应都非常重要。因此，交叉学科教育已经成为高等教育界推动人才培养模式创新的重要手段之一，也是未来高等教育的发展方向之一。

（二）跨学科人才培养的路径

1. 通过设立跨学科的专业，开设跨学科课程进行跨学科人才的培养

跨学科教育在培养通才型、复合型创新人才方面的作用越来越受到重

视。在培养跨学科人才方面，各国高校也采取了不同的方法，如实行不同学科分段培养或不同学科课程交叉配合的改革，强调课程内容的综合性、整体性和探究性，使学生的知识结构更加宽广，能够应对复杂多变的社会需求。这些措施都有助于打通学生的专业界限，造就通晓多学科专业知识的人才。

2. 通过组建教学科研合一的跨学科研究中心，培养跨学科人才

设立跨学科研究机构可以推动不同领域的合作，通过多种形式学术活动，如，学术会议、讲座等，加强科研信息交流，为学生提供参加训练和接触仪器设备的机会，利用跨学科研究机构的跨学科研究优势，既有利于争取校外研究经费，也有利于完成校内外的创新工作。

3. 建立跨学科型大学，培养跨学科人才

近年来，我国政府也在不断调整教育政策，进行教育创新。我们是否也可以学习日本的经验，组建新型的跨学科型大学，以探索出培养跨学科人才的新路，这将是一个非常有益的尝试。

（三）交叉学科教育的重要意义

1. 是社会科技经济发展的迫切需要

跨学科交叉融合不仅是培养创新人才的必要手段，也是推动科学技术进步和解决综合性问题的一条关键路径。许多现实问题都是跨学科的，需要多学科的协同合作来解决，例如，新能源技术、气候变化、医疗保健、城市化等领域。跨学科合作可以充分发挥不同学科的优势，提高解决问题的效率和质量。高校应当加强跨学科教育的推广和实践，营造促进不同学科交流合作的良好氛围，促进学生跨学科思维的形成，培养出具备跨学科合作能力的创新人才。

2. 是促进决策科学化的必然要求

交叉科学可以帮助人们在解决复杂问题时，避免单一学科的局限性，才能更全面、更准确地把握问题本质、掌握问题的关键因素和影响因素，为解决问题提供更全面、更准确的信息和方案，同时可以提高决策的创新性和前瞻性，为各行业和领域的发展提供更加科学的支持。交叉科学的发展也推动了学科之间的交流和融合，加强了不同领域的合作与互动，有助于培养具有广阔视野、综合思维和创新精神的人才，为推动科学技术的发展和社会进步做出贡献。

3. 是研究型大学自身建设和发展的迫切需求

交叉学科既是学科发展的必然趋势，也是推动高等教育可持续发展的重要途径。通过交叉学科的内涵式发展，可以从根本上推动学科建设和发展的创新，形成多学科协调发展的新学科布局结构。同时，交叉学科的出现也促进了传统学科的发展和突破，使传统学科能够保持旺盛的生命力，适应现代社会的快速发展。期待更多高校能够积极推动交叉学科的发展，为培养具备创新能力和复合型素养的人才做出更多贡献。

4. 是科学技术创新和培养创新型、复合型人才的重要途径

随着科技的不断发展和社会的不断进步，交叉学科已成为人才培养和科学创新的一种重要途径和趋势。不同学科之间的融合与交叉能够拓宽学生的知识面，拓展其思维方式，增强其解决问题的能力和创新意识。同时，交叉学科的研究和实践，还能推动学科的跨越式发展，培养具有复合型素质和多学科综合能力的高素质人才，为科学技术发展和社会的进步提供有力的支持。

第三节　大学生素质教育与创新创业教育的协同问题

高等院校开展创业教育可以帮助学生全面提高素质，同时也促进教育观念、手段、方式等方面的改革和创新，实现人才培养模式的创新。创业教育的实施，不仅可以培养提高学生的创新能力和实践能力，更重要的是，可以引导学生形成积极向上的人生观、价值观和创业精神，为未来的发展奠定坚实的基础。在创新和创业的浪潮中，高等院校需要积极推动创业教育的实施，以培养更多有创新精神、具有实践能力的高素质人才，助力国家经济和社会层面的快速发展。

创业教育的确可以为学生提供必要的素质和技能，使他们更好地适应知识经济时代和市场经济的需求。然而，我们也应该注意到，创业并不是每个学生都适合和能够成功实现的事情。高等院校对学生的培养，除了创业素质外，还应该注重其他方面的素质培养，例如，创新思维、团队协作能力、社会责任感等方面。只有在全面提高学生素质的基础上，才能更好地培养高素质、多才多艺的人才，为国家和社会的发展做出贡献。

一、创业教育应当以人为本，培养学生终身学习和可持续发展的能力

作为高等教育的重要组成部分，大学教育应该致力于培养具备全面素质和可持续发展的能力的人才，而不仅仅是单一的传授知识和技能。在当前经济社会发展的背景下，高校应该更加注重开展创新教育和创业教育，培养学生的创新意识和创业精神，以适应时代发展的需求。同时，高校还应该关注学生的道德素质和人文素养的培养，强化学生的自我意识、责任意识、公民意识等，以培养全面发展的人才，为国家和社会的可持续发展做出贡献。

在高等教育中，文化素质教育是人才培养的重要方面，它可以培养学生的审美情趣、人文素养和人类情感等。文化素质教育还可以为学生提供更广阔的视野，帮助他们更好地理解人类文化的本质和历史，增强其文化自信。在科学技术高速发展的今天，文化素质教育同样重要，科学技术只有在一种人文环境中才能真正发挥作用。文化素质教育还可以培养学生的人文精神和创新思维，这对于创造性地解决复杂问题非常重要。因此，高等院校应该注重文化素质教育，以培养具有文化素养、科学精神和创新思维的人才。

二、创业教育应当突出创新精神和创新能力的培养

作为人才培养的重要途径之一，创新精神和创业能力的培养在大学教育中越来越受到重视。大学应该注重培养学生的创新思维和实践能力，引导学生了解市场需求，掌握市场规律，培养他们将专业知识应用到实际问题中的能力，鼓励他们积极创新和创业。在此基础上，大学可以开设相关课程，提供创新创业平台和资源，鼓励学生进行创新创业实践。同时，大学还可以加强与社会的联系，与企业、科研机构等合作，提供学生更多的机会和支持，促进学生创新创业能力的不断提升。

过度强调应试教育和狭隘的专业教育，会限制学生的创造性。应试教育注重知识的死记硬背和机械应用，缺乏启发思维和其创新意识的培养，容易导致学生缺乏创造性和创新能力。而狭隘的专业教育，也容易使学生局限于自己所学的领域，缺乏跨学科的思维和交叉学科的能力，从而影响到学生的创新能力。我们应该采取措施，改善教育环境，加强素质教育和综合实践教育，培养学生的创新意识和创业精神，提高他们的创造力和创新能力。

创新精神和创业能力既是当今时代的核心竞争力，也是高等教育所应重点培养的素质之一。在知识经济时代，学生不仅要具备丰富的知识和技能，还要具备创新思维和实践能力，才能适应快速变化的经济和社会环境。高等教育要强调创新教育和创业教育，培养学生创新思维和创业能力，注重实践教学和实践能力的培养，使学生能够适应经济和社会的发展，成为具有很强竞争力的综合性人才。

三、将创业教育融入素质教育的必要性

（一）实施创业教育是缓解高校人才供求矛盾，提高素质教育质量的需要

创业教育既是提高高校素质教育质量的重要手段之一，也是缓解高校人才供求矛盾的一条重要途径。当前，高校毕业生就业形势不容乐观，尤其高技能人才缺口巨大。实施创业教育，可以培养大学生的创新创业能力，引导他们走出传统的就业思维，主动寻找自己的发展机会，增强其创业成功的可能性，同时也能够缓解高校毕业生的就业压力。

此外，创业教育也可以促进高校素质教育质量的提高。在创业教育中，学生需要学习如何制订商业计划、市场调查、资金筹措等方面的知识和技能，这些知识和技能不仅对于创业有帮助，也能够为学生提供实际的商业操作经验，增强其综合素质和能力，有利于其全面发展。实施创业教育不仅可以缓解高校人才供求矛盾，还可以提高高校素质教育质量。

（二）实施创业教育是大学生个体发展的需要

实施创业教育有助于培养大学生的个体能力和实践能力，促进他们的全面发展和个性成长。创业教育可以帮助大学生锻炼创新思维、创新意识和创业能力，以提高其职业素养和竞争力。创业教育可以让大学生更好地了解社会、了解市场，从而更好地适应社会和职业发展的需要。通过创业教育，大学生能够更好地实现自我价值，拓展自己的人生视野，以实现自我实现和发展。

四、建立科学合理的创业教育目标体系

现在的高等教育需要从被动适应到主动创新转变，才能培养学生具有创新、创造的能力和思维，让学生不仅能够适应现实社会，还能够主动地改变社会，推动社会的进步和发展。因此，建立科学合理的创业教育目标体系，是实现高等教育培养目标的重要环节。创业教育的目标应当注重学生综合素

质的提高，包括创新精神、创业能力、团队合作能力、社会责任感、实践能力等方面，让学生具备开展创新创业活动的基本素质和能力。这也符合现代经济发展对人才的要求，同时也是高等教育向着更高层次发展的必要条件。

创业教育的目标体系有以下四项基本要素：创业精神、创业心理、创业知识、创业能力。

（一）培养创业精神

培养创业精神是创业教育的首要目标之一。创业精神是指具有敢于冒险、勇于创新、具有创造性思维和乐观向上心态等特质的精神状态。要培养学生的创业精神，要从以下方面入手。

其一，培养敢于冒险的精神。创业往往伴随着风险和不确定性，只有具备敢于冒险的精神，才能在面对困难时不畏惧、不气馁，勇往直前。

其二，培养勇于创新的精神。在市场经济中，不断创新才能不断发展。学生应该从学习、科研、实践等方面培养创新思维和创新意识，通过不断改进和创新，提高产品质量和服务水平，才能创造出更多的社会价值。

其三，培养具有创造性思维的精神。具有创造性思维的人能够从事创新性的工作，不断发现新的思路、新的机会和新的市场。创业教育应该注重培养学生的创造性思维，帮助学生更好地应对复杂的市场环境。

其四，培养乐观向上的心态。创业过程中充满了不确定性，只有具备乐观向上的心态，才能克服困难和挑战。学生应该树立正确的人生观和价值观，保持积极乐观的心态，增强其应对风险的能力。

（二）丰富创业知识

丰富创业知识是创业教育目标体系中的重要要素。创业知识包括创业的基本概念、创业的基本流程、创业的基本模式、创业的市场分析与商业模式设计、创业的风险控制与管理等方面。创业知识是创业者进行创业的基础和保障，通过掌握创业知识可以有效地降低创业的风险和提高创业的成功率。因此，高校在开展创业教育时，应注重培养学生的创业知识，不断扩充学生的创业知识面，提高学生的创业知识水平。这不仅需要课程设置的支持，更需要教师的实际经验和教学资源的借鉴。同时，学生还可以通过实践活动、创业比赛、行业调研等方式不断地深入了解创业的实际操作和市场需求，不断增加自己的创业知识储备。

（三）健全创业心理

健全创业心理是指学生在接受创业教育的过程中，应积极培养积极乐观、自信自强、敢于冒险和创新的心态。创业是一个风险极高的过程，创业者需要经常面临挫折、困难和不确定性，拥有健全的创业心理对于成功创业至关重要。

在创业教育中，应该重视学生心理的培养和疏导，帮助学生形成积极的心态，增强其抵抗挫折和困难的能力。同时，学校还应该完善心理咨询服务，帮助创业者解决创业过程中遇到的心理问题，及时调整心态。此外，通过各种方式如讲座、交流等，培养学生良好的团队合作和沟通能力，增强学生与他人协同工作的信心，以更快达成创业目标。

（四）提高创业能力

提高创业能力是创业教育目标体系中的重要要素，包括以下几个方面。

其一，创新能力。培养学生具备开拓进取、勇于创新的精神，掌握市场信息分析、产品开发、技术研究和商业模式创新等方面的能力，进而有能力创造新的商业机会。

其二，沟通协调能力。培养学生具有良好的沟通协调能力，能够有效地协调团队内部的关系，与外部合作伙伴、投资人、客户等进行有效的沟通，推动项目的顺利进行。

其三，风险管理能力。培养学生具备较高的风险意识，能够识别和评估商业活动中的各种风险，采取有效措施进行风险管理和风险控制，从而降低项目失败的风险。

其四，资金管理能力。培养学生具备良好的财务管理能力，能够有效地规划和管理创业项目的资金流动，确保资金的合理运用和有效管理。

其五，团队管理能力。培养学生具备良好的团队管理能力，能够组建和管理高效的团队，有效地分配任务和资源，调动团队成员的积极性和创造力，以推动项目顺利进行。

五、健全和完善创业教育培养体系

政府应该为创业教育提供政策支持和服务，高等院校应该建立完善的创业教育体系，以及创新的教学方法和手段。同时，社会、企业、家庭等方面也应该加强对创业教育的支持和帮助，为学生创业提供更好的条件和机会。这样才能更好地促进我国经济的发展和社会的进步。

在实践教学方面，还可以考虑建立实践基地、科技园区和创业孵化器等创业平台，提供丰富的创业资源和服务，帮助学生在实践中锻炼创业能力。另外，也可以邀请创业成功的企业家、投资人等行业精英到学校开设讲座，进行经验分享和指导，以此激励学生创业热情，提高创业实践能力。同时，也可以加强创业实践的考核和评价，对于具有创业想法和实践的学生，可以提供奖励和资助，鼓励学生在创业实践中积极探索、勇于创新。

六、重塑创业教育的教学机制

其一，强化实践教学。创业教育需要融入实践环节，让学生能够通过创业实践活动来锻炼创业能力，提升创新意识和实践能力。学校可以通过开设创业实践课程、组织创业比赛、提供创业孵化平台等方式来进行实践教学。

其二，加强师资队伍建设。创业教育需要专业的师资力量来保证教学质量。学校应该加强师资队伍建设，引进具有丰富创业经验的教师，培养和选拔优秀的创业导师，以提升教师的创业素养和创业能力。

其三，创新教学模式。传统的创业教育模式以课堂讲授为主，缺乏互动性和个性化。学校应该探索创新的教学模式，例如项目制教学、案例教学、团队教学、在线教学等模式，以提高学生的学习兴趣和学习效果。

其四，加强课程设置和评价体系建设。学校应该根据市场需求和学生的兴趣爱好，调整和完善创业课程体系，建立完善的课程评价体系，激励学生积极参与创业教育。同时学校还应该建立创业教育的质量保障机制，对教学质量进行监测和评估。

其五，加强合作与交流。学校应该积极开展国内外合作与交流，与行业、企业、政府等各方面建立合作关系，共同推动创业教育的发展。同时，学校还应该注重与社会联系，建立校企合作、校地合作等合作机制，为学生提供切实的创业支持和服务。

第四节 立体化实践教学体系的构建

一、立体化实践教学体系

立体化实践教学是一种创新的教学体系，其重点在于实践教学的整体效用和价值的最大限度发挥，通过将实践教学的实验、实践、实习等各环节紧密相连、层层递进，才能在多维度、多元化、全方位地实现各领域专业人才的培养。立体化实践教学的目标是培养创新型、应用型和复合型人才，通过先进的科学理念和教学思想，将时间、能力、专业实践等多维结构相结合，构建多层次、多维度、全方位的实践教学体系，实现高校、科研机构、企业、政府的多方协同合作，以达到综合职业能力的全方位、深层次、多元化培养的教学目标。

立体化实践教学体系应重视理论与实践相结合的原则，不断探索和尝试多种教学模式，以提高学生的实践能力、创新能力和综合素质。在实践教学过程中，学生可以深入到企业、社会和科研机构等领域，参与各种实践活动，接触实际问题，解决实际难题，提高实践技能和丰富经验，以便更好地适应未来职业发展和社会需求。

总之，立体化实践教学体系是一种有效的教学模式，能够使学生获得更加全面、深入和实际的实践体验，提高专业能力和综合素质，更好地服务于社会和经济的发展需求。

二、立体化实践教学体系与创新创业素质教育的关系

确立创新创业素质教育的核心地位，通过建立良好的激励机制和评价体系，可以有效地推动高校立体化实践教学体系的创新和完善，进而提升人才培养质量和毕业生的就业能力。此外，创新创业素质教育也是高校自身软实力和内涵式发展的需要，可以推动高校向研究型大学和应用型大学的转型。教师和学生是立体化实践教学体系的主体，在创新创业素质教育中，教师应改革教学的内容和方法，提升自身教学和科研水平，鼓励学生积极参与创新创业实践，提高他们的知识、经验和能力水平，以实现全面发展。创新创业素质教育的动力体系应该从国家到高校再到师生，通过激励和评价机制来传导动力，将国家对创新创业人才的需求转化为高校改革人才培养方案和教学模式的动力，推动教师和学生的积极参与。

在现今高度竞争的社会中，具备创新创业能力的人才能受到市场的高度欢迎和青睐。立体化实践教学作为一种创新的教学模式，可以帮助学生更好地获得实践经验、创新思维和创业技能，提升其在市场中的竞争力。在立体化实践教学体系中，通过多种实践环节的紧密结合和学生多方面的实践参

与，可以帮助学生全面发展，培养其创新创业能力，从而更好适应未来的职业发展。

实践教学中的创新创业能力培养确实是一个多层次、多方面的目标体系，需要从知识、情感和能力三个方面进行深入的培养。同时，为了更好地实现教学目标，确实需要适当调整实践教学计划，改革教学内容、教学方法和教学管理体系。这样可以确保学生能在实践中真正获得知识、经验和能力，为未来的就业和创业打下坚实的基础。

内容体系是立体化实践教学体系的一个重要组成部分，包括实验实训、企业实习、课程设计、毕业设计、第二课堂、社会实践等多个环节。这些环节通过有机的组合和合理的安排，构成了一条从基础到高层次、从实践到创新创业的全方位、多维度、层次化的实践教学路径。在实践教学内容的设计和安排中，应充分考虑学生的学科背景和专业需求，注重实践活动的系统性和阶段性，同时将实践教学内容与课程教学内容有机结合，使学生在实践活动中能够真正掌握和运用所学的知识和技能。此外，还应注重实践教学环节之间的衔接和互动，让学生可以在不同实践环节中逐步形成能力、经验和思维方式的积累和提升。通过合理的实践教学内容体系的构建，能够为学生提供更加深入和全面的实践教学体验，为今后的就业和创业奠定坚实的基础。

实践教学作为高等教育教学改革的重要内容，对提高教学质量、培养高素质人才、促进经济社会发展等方面都具有重要的意义。但实践教学体系的建设和创新不是一蹴而就的，需要教育部门、高校、行业和社会各方面的共同努力，建立起人才培养质量、市场需求和行业发展紧密相联的立体化实践教学体系。同时，要不断探索实践教学的有效方法和具体操作，让学生能够真正地参与到实践中，积累实践经验，提升实践能力，培养其创新创业精神和综合职业能力，从而更好地适应未来的职业发展需求。

立体化实践教学体系确实以学生的"高位就业"为目标，以创新创业素质教育的理念为指导，通过实践教学内容的完善，积极培养学生的综合职业能力，满足新时期发展对专业人才的需要，力争推动毕业生实现"高位就业"目标，进一步完善实践教学体系。实践教学体系的建立需要更为完善的理论指导，明确的实践教学目标，以符合行业和市场对人才的真正需要。积极推动人才的"高位就业"是解决教育与行业发展供求矛盾的突破点，符合行业对于人才的新要求，"高位就业"的实现需要与创新创业素质教育结合的实践教学体系。

三、基于创新创业素质教育的立体化实践教学体系

（一）立体化实践教学体系构建的基本原则

立体化实践教学体系构建的基本原则包括以下几点。

1.学生为中心

立体化实践教学体系应以学生为中心，强调学生的主体地位，要注重培养学生的实践操作能力、创新创业能力和综合职业能力。

2.综合性

立体化实践教学体系应综合多种实践教学环节，包括实验实训、企业实习、社会实践、创新创业竞赛等，以实现教学环节的协调和整合。

3.层次化

立体化实践教学体系应按照"由浅入深、由低到高"的原则，分为若干个层次来阶段式、循序渐进地实施实践教学活动。

4.项目化

立体化实践教学体系应以创新创业项目为主线，贴近社会实际，通过小组任务下达给学生，使教学过程真实化，增强学校与社会、企业的互动。

5.紧密结合

立体化实践教学体系应将理论教学与实践教学紧密结合，实现教学过程中的理论与实践的一体化。

6.具有针对性

立体化实践教学体系应具有针对性，根据不同专业和学生的特点和需求，进行合理配置和调整。

7.不断改进

立体化实践教学体系应不断进行改进和优化，以满足行业对人才的需求和时代的要求。

（二）立体化实践教学内容体系构建

传统按学科划分的模式适合对某一专业进行深入、全面的实践教学内容体系构建，而"分层一体化"的模式适合对通识技能、专业技能和职业技能等不同层次能力的培养进行整体性规划，强调能力培养的连续性，突出能

力培养的重点，但也需要注意能力分类及不同教学环节的要求划分的问题。因此，在实践教学内容体系构建过程中，需要根据实际情况，充分考虑学科特点、专业定位、课程设置等因素，结合学生的实际需求和未来就业市场的要求，有针对性地进行实践教学内容体系的构建，以达到最佳的教学效果。同时，应注意实践教学内容体系与实践教学课程实施之间的关系，使之相互协调、衔接，从而实现教学目标的有效达成。

这种实践教学内容体系构建模式是一种比较完整、科学和具有指导意义的模式，可以对全校的实践教学内容体系的建设起到指导和带动作用。在实践教学内容体系的构建过程中，应注意整体性、系统性、科学性和可操作性，以确保实践教学内容体系的有效性和可持续性。同时，应根据不同学科的特点、行业的需求，以及学生的实际情况来灵活运用该模式进行实践教学内容体系的构建。

四、立体化实践教学体系的实施

（一）完善实践教学基地建设

创业教育实践基地建设是培养创业人才的一种重要手段，它可以提供实践机会，帮助学生在实践中掌握创业技能和经验，锻炼创业意识和创新能力，提高其创业成功的概率。创业教育实践基地也可以提高高校的创新创业教育水平，促进教师队伍的专业发展和成长，推动学校与社会的融合与合作，并创造更多的就业机会和创业机会。此外，创业教育实践基地建设也可以促进高校人才培养体系的改革与创新，推进高校"双一流"建设，以提高高校的教育教学质量和社会影响力。

创业教育实践基地建设的目的是为了提供创业实践机会，为学生提供创业平台，以实现对学生创业创新能力的培养。基地的建设应当充分考虑到学校、社会、行业等多方面的因素，将学校教育资源与社会资源有机结合起来，形成协同创新的机制，打造具有示范性、引领性的创业教育实践基地。此外，基地的建设也需要遵循一些原则，如建立合理的管理机制，确保基地的长期稳定运行；注重基地与行业的结合，使学生能够更好地了解市场需求；注重培养学生的创新能力，促进学生创业创新，为学生提供更好的创业发展平台等原则。总之，创业教育实践基地建设是提高高校创新创业教育质量、促进学生创业创新、推动高校与社会融合的重要手段，应得到各方的重视和支持。

创业教育实践基地建设是培养复合型创业人才，适应知识经济竞争与挑战的需要，是高校生存、改革和发展的需要，是解决就业难题、提高大学生综合素质的需要。创业教育实践基地建设对创业教育的开展，对学生的发展，对教师队伍建设，对社会与高校创业人才的沟通等方面也有重要意义。

创业教育实践基地是沟通理论与实践的媒介。创业教育既强调创业意识、创业精神的培养，又注重创业综合素质的提高，特别是创业操作能力的拓展需要借助实践，以让学生跳出书本求知，真正学以致用，进而通过实践检验所学理论灵活和适用性。其实践经验长期总结可以再上升为理论知识。

对学生而言，创业教育实践基地是培养其创业实践能力的平台。一方面通过大量知识的掌握、案例学习和模拟创业过程的参与，使学生开阔视野，达到启迪创业意识的目的；另一方面依托实践基地，通过开展创业计划大赛等创业活动，使学生在创新设计能力、实践动手能力、领袖风格和团结协作精神等方面得到很好的提高。

在教师队伍建设方面，创业教育实践基地是培养专家型教师队伍的平台。实践证明，培养专家型教师队伍最有效的办法是生产实践与创新活动。在实践基地的建设管理和参与按企业化运作的组织管理中，教师可以通过不断掌握新的技术，了解国内外科技动态，开阔眼界，转变观念，更新知识，达到教学相长的效果，在实践中提高素质，成长为专家型教师。

就社会与人才沟通而言，创业教育实践基地既可以通过组织学生进行多种创业活动来接触社会，了解社会。通过创业教育实践基地，也可以搭建科技成果与社会风险投资、企业家之间的桥梁，实现社会对人才的观察和考验，进而实现科技成果的尽快孵化。

创业教育实践基地的建设也可以帮助高校更好地发挥社会服务的作用，建立校企合作、校地合作的机制，为当地经济发展提供人才和技术支持，推动产业升级和转型。同时，实践基地的建设也可以促进高校与社会的深度融合，增强高校社会的影响力和公信力，为高校的长期发展提供稳定的社会支持和资源保障。因此，创业教育实践基地的建设应当是高校创业教育的重要组成部分，旨在实现理论与实践的有机结合，提高学生创业实践能力，培养具有创新精神和实践能力的复合型创业人才，以促进高校与社会的深度融合和共同发展。

同时，创业教育实践基地也对教师教学质量的提高起到了积极作用。实践基地建设可以为教师提供更多教学资源和更多创业实践机会，让教师通过实践来不断提高自己的教学能力和实践能力，进一步提高教学的质量和水平。此外，教师也可以通过与实践基地的合作，加深对行业发展趋势的了解，更好地为学生的职业生涯规划和创业指导提供支持和帮助。

总之，创业教育实践基地建设不仅是培养复合型创业人才的必要手段，也是促进高校教育改革与发展的重要途径。在实践基地建设过程中，需要充分考虑学生、教师、社会等多方的需求，构建完善的教育体系和管理机制，不断优化基地的功能和服务，让更多的学生和教师受益于实践基地建设中，为推动高校教育质量的提升和促进经济社会的发展做出积极的贡献。

通过创业教育实践基地，学生可以与企业家、投资人、行业专家等进行交流和合作，了解市场需求和趋势，掌握行业的最新技术和管理方法。同时，实践基地也为创业者提供了一个与高校学生交流、发现人才、孵化项目的平台，为高校和社会之间的合作搭建了桥梁。通过与实践基地的合作，企业可以寻找到高素质、有创新精神的人才，为企业发展提供更好的人才保障。同时，还可以帮助企业发现市场机会，探索新的业务领域。创业教育实践基地建设对于促进高校与社会之间的交流、合作，提升高校与社会之间的创新能力和竞争力，具有非常重要的意义。

（二）建立完善的实践教学协同管理制度

建立完善的实践教学协同管理制度是高校实践教学体系建设的重要环节。以下是一些具体的建议。

1. 设立实践教学管理机构

应建立实践教学管理机构，包括实践教学中心、实践教学部门等，明确责任和职责，协调各部门之间的关系，推动实践教学体系的建设。

2. 制定实践教学管理制度

实践教学管理制度是规范实践教学活动的重要手段。应该制定一系列的实践教学管理制度，包括实践教学计划制订、实践教学资金管理、实践教学活动安排、实践教学成果评价等。

3. 加强实践教学资源共享

各部门之间应该建立实践教学资源的共享机制，共同利用实践教学设施和设备，避免重复建设和浪费资源。

4. 实践教学成果互认

应该建立实践教学成果互认机制，允许学生在不同的实践教学活动中获得的学分互相转换和认证，避免学生的学分被浪费。

5. 加强实践教学质量监控

应该建立实践教学质量监控机制，对实践教学活动进行监控和评估，确保实践教学活动的质量和效果。

6. 鼓励教师参与实践教学

应该鼓励教师积极参与实践教学活动，培养他们的实践教学能力和实践教学精神，以提高实践教学质量和效果。

7. 建立学生实践教育档案

学校应建立学生实践教育档案，记录学生的实践教学经历和成果，为学生提供参加实践教学活动的证明和资料，给学生的就业和升学提供帮助。

（三）建立有效的实践教学协同评价机制

其一，设立实践教学评价专门委员会：该委员会由教师、学生、企业代表等各方代表组成，负责实践教学的全面评估和监督。

其二，建立评价指标体系：明确实践教学的目标、内容和要求，并根据这些要素设计评价指标体系，以反映学生在实践教学中的实际表现和教学的质量。

其三，制定评价方法和标准：采用多种评价方法，包括实践报告、学术论文、实验成果、现场演示等，以及口头和书面评价，确保评价方法的多样性和全面性。同时，建立评价标准，使评价结果能够进行量化和比较。

其四，评价结果反馈和使用：将评价结果及时反馈给教师、学生和相关管理人员，并根据评价结果制定针对性的改进措施，改善实践教学的不足之处。

其五，促进协同管理和评价：加强与企业和社会各界的联系，使他们参与到实践教学的管理和评价中来。同时，教师之间也应加强协同合作，共同开展实践教学，并相互评价和改进。

其六，推广和分享实践教学经验：建立一个实践教学经验交流平台，鼓励教师和学生分享和交流实践教学经验，以促进实践教学的创新和发展。

通过以上的建议，可以建立有效的实践教学协同评价机制，促进实践教学质量的提高和对教学资源的充分利用。

第三章 高校大学生实践育人的构建

第一节 高校大学生实践育人的理论基础

一、实践育人的世界观和方法论基础

马克思主义的实践观认为，实践是人类与客观世界相互作用、改造和交往的基本活动，是社会生活的本质特征。实践既包括人与自然的物质交换，也包括人与人之间的社会交往，同时还包括人类头脑中的观念形式和意识活动。

首先，实践是人作为主体能动地改造客观世界的活动。人通过实践活动来改造自然，获取物质资源，以满足自身的生存和发展需要。这种物质交换是人类与自然界之间的直接关系，通过劳动和生产活动，人们能够改变自然界的状态，创造出各种使用价值。

其次，实践活动必然涉及人与人之间的社会关系。在实践活动中，人们不仅与自然界进行物质交换，还会与其他人发生社会交往。社会交换包括经济交换、文化交流、政治互动等，通过这些社会关系，人们在实践中相互影响、相互合作、相互制约。

最后，实践活动所形成的结果在人的头脑中以观念的形式客观存在，并对人的后续活动产生支配作用。人们通过实践经验和观察总结出一定的规律和概念，形成具体的认识和理论体系。这些观念反过来又指导和影响着人们的实践活动，来推动社会的发展和变革。

马克思主义强调实践的能动性、自由性和创造性，认为实践是人类认识世界、改造世界和实现自身价值的基础。实践既是现实存在的基础，也是观念交换的基础，实践的本质在于统一了人与自然的关系、人与人的关系以

及人的思维活动和现实存在的关系。这一实践观的核心思想又对于理解社会历史发展、人类认识论以及社会变革具有重要意义。

（一）实践育人的世界观基础

马克思的观点是实践是人类能动地改造客观世界的活动，人通过实践活动来认识和改造自然世界。马克思认为，人的实践活动是人类与自然界相互作用的基础，通过实践人们能够对自然界进行认识，又通过改造实践来满足自身的需要。

马克思主张人类不仅是社会的产物，也是社会的创造者，人通过实践活动改变和创造社会关系、社会制度和社会形态。实践活动是人与人之间的社会关系的重要组成部分，通过实践活动，人们进行交流、合作和共同推动社会的发展。

马克思的实践观强调人的能动性和创造性，认为人通过实践能够主动地改变和创造客观世界。实践活动不仅是认识世界的手段，也是改造世界的手段，人们通过实践来实现自己的目标和价值。在实践活动中，人们不仅受到客观条件的制约，同时也能通过自己的努力和创造来超越和改变客观条件。

总的来说，马克思的实践观认为实践是人与自然、人与社会相互作用的基础，是人类认识和改造世界的重要途径。实践育人的世界观基础就是以辩证唯物主义的实践观为指导，注重培养学生的实践能力、创造力和社会责任感，使其能够主动地参与社会实践，不断提升自己的能力和素质，为社会的发展和进步做出贡献。

主体对象化是指人通过实践将自身的目的、思想、技能等转化为物质形态的实践成果，从而创造出新的事物或改变客观世界的状态。这个过程实现了主体能动性和创造性的体现，将主体的意识和能力具象化为实际的物质存在。

客体非对象化则是指通过实践活动中客观世界的变化和发展，人们能够通过获取和消化这些客体的变化，将其转化为自己的知识、经验和技能等，从而丰富自身的认识和能力。客体非对象化是主体在实践中对客观世界进行感知、理解和利用的过程，通过社会的交流、传递和继承，实现了实践成果的非物质化传承和发展。

主体对象化和客体非对象化是实践活动中相互依存的双向运动。主体对象化是主体通过实践将自身的能动性转化为实际的物质存在，使其能够在客观世界中发挥巨大的作用。客体非对象化则是主体通过实践获取客观世界的经验和知识，并将其内化为自己的能力和素质，从而提高对客观世界的认识和改造的能力。

马克思主义实践观强调实践是认识世界和改造世界的基础，实践活动是人类与自然、人与人之间相互作用的重要方式。实践中的主体对象化和客体非对象化过程，使人们能够通过实践改变和创造新的客观世界，同时也通过实践获取和消化客观世界的变化和发展，推动人类社会的进步和发展。

（二）实践育人的方法论基础

1. 实践是教育主体与客体交互作用的基础

在教育活动中，人作为教育的客体，接受着教育的影响和指导，实现自身的成长和发展。同时，人也是教育的主体，通过实践活动与环境相互作用，改变环境、改变自身。这种能动的实践活动让人具备了教育和影响他人的能力。

马克思强调了环境是由人来改变的，而教育者本身也是受教育的。这意味着教育者在教育他人的同时，也在不断接受来自环境和他人的教育影响，实现自身的成长和发展。教育者通过自身的实践和影响，不仅塑造他人，也同时塑造自己。

教育活动中，教育者和受教育者之间的相互作用和影响，实现了教育主客体的辩证统一。这种辩证统一使教育不仅仅是一种单向的传递和接受，而是一种相互交流、相互影响的过程。通过这种互动，人们在实践中实现了自身的成长和发展，同时也为他人的教育和影响提供了良好的条件和可能性。

2. 实践是德育与智育相互促进的基础

实践作为人类认识的来源和认识发展的动力，对人的智力和品德的培养都起着重要作用。

在实践活动中，人们通过与客观世界的交互和改造，不断积累新的经验和知识，也掌握新的技能和技术，从而推动了人类认识的不断丰富和发展。实践活动是人们获取知识、发展智力的重要途径，也是培养人们解决问题、创新思维的关键环节。通过实践，人们能够将抽象的理论知识转化为具体的实际操作，培养实际应用能力，提高其智力水平。

同时，实践还是培养人的品德和道德素养的过程。在实践中，人们需要与他人合作、相互交往,需要遵守规则、尊重他人的权益,需要培养责任感、团队意识等品德素养。实践活动提供了一个塑造人的品格、培养良好道德的机会,通过与他人的互动和社会的交往,人们逐渐形成正确的价值观念和行为准则,实现德育与智育的紧密结合与相互促进。

马克思强调了实践的重要性,认为体力劳动是防止社会病毒的消毒剂。这一观点强调了实践活动对于个体和社会的健康发展的重要意义。通过实践活动,人们能够不仅能改造自然,创造物质财富,而且锻炼自身的品质、观念和需要,促进人与人之间的新型交往方式的形成,实现了改造自然和改造自我、智力和非智力因素的相互统一。实践活动的紧密结合将德育和智育融为一体,成为一种实现人的全面发展的根本途径。

马克思主义实践观提供了对实践在育人过程中的作用和意义的深刻理解,为我们回答了实践如何能够育人的问题,以及育人的过程中主体对象化和客体非对象化巨大的作用。

马克思主义实践观认识到,实践活动不仅仅是人类认识和改造客观世界的手段,同时也是育人的过程。通过实践活动,人们不仅改造自然,创造物质财富,还培养了自身的品质、观念和需要。主体对象化将人的主体能动性体现为客体实践成果的物质形态,也推动了人类文明成果的外在积累。而客体非对象化则促进了人们对实践成果的理解、消化和利用,通过社会遗传方式不断丰富和发展人类文明成果,提高了人的认识和改造客体的能力。

在教育活动中,马克思主义实践观强调了主体与客体的交互作用。教育活动的主体与客体之间相互影响、相互作用,通过实践活动的过程,培养人的思想、道德和能力。德育与智育的紧密结合和相互促进,使人在实践中不仅能够获得知识和技能,还能够形成正确的价值观念和行为准则,实现思想道德的进步和人的全面发展。

总之,马克思主义实践观对实践在育人中的作用和意义进行了深入的阐述,揭示了实践如何能育人、实践与育人之间的辩证关系。通过实践活动,人们能够不断丰富和发展自身,提高认识和改造客体的能力,以实现个体和社会的全面发展。

二、人的全面发展理论

马克思主义认为,人类的全面发展是人类生存和社会进步的基本要求,也是推动社会生产关系变革的内在需求。

马克思主义强调，人是社会的核心和决定因素，人的本质是由社会的关系所决定的。人的全面发展包括了个体的身体、智力、道德、情感等多个方面的发展，以及个体与社会、自然环境的和谐相处。实现人的全面发展不仅是个体的需要，也是整个社会的需要。

在马克思主义中，社会实践被视为实现人的全面发展的根本途径。社会实践是人与自然、人与人相互作用的过程，包括生产劳动、科学研究、艺术创作、社会活动等方面。通过实践活动，人们不仅能获得物质生活需要，还培养了思维能力、创造能力、道德观念等重要素质，推动个体和社会的进步。

实践活动不仅是人的全面发展的基础，也是人的认识活动的来源。通过实践人们对客观世界的认识不断深化和丰富，同时也推动了人类认识的发展。实践和认识相辅相成，相互促进。

人的全面发展必须通过实践来实现。社会实践为个体提供了发展的舞台和条件，通过实践活动，人们不断提高自身的能力和素质，以实现个体和社会的共同进步和发展。

（一）人的全面发展的多维性

马克思和恩格斯对人的全面发展给予了新的含义和理解。他们认识到全面发展不仅仅是个体在某个特定方面的发展，也要求人在各个方面都能够充分发展，具备多样化的能力和素质。以下是一些相关的内涵。

其一，具备多方面的能力。全面发展要求人在各个方面都具备能力，不仅仅局限于某个领域或某种技能。人应该具备综合素质，以能够适应多样化的环境和任务。

其二，自由发展与协同发展。全面发展要求个体在实现自身发展的同时，也要与他人和社会协同发展。个体的自由发展应该与社会的整体发展相协调和统一。

其三，社会中每个成员的发展。全面发展要求社会中的每个成员都能够实现自身的全面发展，不受任何不平等、剥削和压迫的限制。每个人都应该有平等的机会和条件去发展和运用自己的能力和才华。

其四，超越片面发展的限制。全面发展打破了片面发展限制，不再只强调某个方面的发展，而是追求多元化的发展。个体应该有能力去理解和参与整个社会生产系统，不仅仅局限于某个狭窄的领域。

马克思和恩格斯的全面发展理论为我们认识和追求人的全面发展提供了重要的指导和启示。他们认识到全面发展是个体的基本权利和社会的根本目标，为我们思考和实践的全面发展提供了深刻的思想基础。

1. 人的全面发展首先包括个体能力的全面发展

这意味着个体需要在各个方面不断发展和提高自己的能力，包括认知能力、情感能力、创造力、沟通能力、解决问题的能力，等等。

认知能力是指个体对于事物的认知和理解能力，包括逻辑思维、分析能力、判断能力等。情感能力是指个体对于自己和他人的情感体验和情绪管理能力，包括情绪的认知、表达和调节等方面。创造力是指个体在面对问题和挑战时能够提出新的想法和解决方案的能力。沟通能力是指个体与他人进行有效交流和理解的能力，包括口头和书面表达、倾听和理解他人的能力。解决问题的能力是指个体在面对困难和挑战时，能够运用知识和技能寻找解决方案的能力。

人的能力的全面发展是基于个体的潜能和天赋，通过教育、培养和实践的过程不断提升和完善。这种全面的能力发展不仅能够满足个体的自身需求和发展，也能够为个体在社会中的角色和责任承担提供更坚实的基础。因此，人的能力的全面发展是人的全面发展的重要组成部分。

2. 人的全面发展也是人的个性的全面发展

个性是指每个人独特的思维方式、情感倾向、兴趣爱好和价值观念等方面的特质。个性的全面发展意味着个体在不同领域和方面都能够充分展现和运用自己的独特性格和特质。

个性的全面发展涉及个体的自我认知和自我表达能力，以及个体对于自身特点和优势的认知和发展。个性的全面发展也需要有良好的社会环境和支持，使个体能够自由地展示自己的独特性，同时也需要个体具备自主性和积极性，以主动发掘和培养自己的个性特质。

个性的全面发展对于个体的幸福感和满足感具有重要作用，它使个体能够更好地适应社会和环境，更好地实现自己的价值和目标。同时，个性的全面发展也对于社会的发展和进步具有积极意义，每个人的独特性格和才能都能为社会带来创新和多样性。

因此，人的全面发展不仅包括能力的全面发展，也包括个性全面发展。个性和能力的全面发展相互促进和支持，并共同构成人的全面发展的内容。

3. 人的全面发展还包括人的社会关系的全面发展

人是社会的一员，与他人建立和维持良好的社会关系对于个体的全面发展至关重要。

人的社会关系的全面发展涉及与家庭、朋友、同事、社区，以及更广泛的社会群体之间的互动和交往。这种交往可以是情感上的支持、合作与合作、共同学习与成长等多种形式。通过与他人的互动和交流，个体可以获得来自不同视角和经验的启发和反馈，进而丰富自己的思维、观念和认知。

建立和维持良好的社会关系对于个体的心理健康和幸福感具有重要影响。积极的社会关系可以提供情感支持、互助合作和归属感，减轻压力和孤独感，增强个体的自信心和自尊心。同时，通过社会关系的建立和发展，个体还可以获得资源和机会，扩大自己的社会网络和人际关系，为个人的成长和发展提供更多的机遇和可能性。

在社会关系的全面发展中，个体需要具备良好的沟通和协调能力、合作和团队合作意识，尊重他人和关心他人的情感。这种全面发展的社会关系不仅有助于个体的发展，也有助于社会的和谐与进步。

因此，人的全面发展还包括人的社会关系的全面发展，这对于个体的发展和社会的繁荣都具有重要意义。

4. 人的全面发展还包括人的需要的全面发展

人的需要是指人类对于生存、成长和发展所必需的物质和精神上的需求。人的需要的全面发展包括满足基本的生理需求，如食物、水、住所和健康；满足安全需求，如个人安全和社会稳定等；满足社交需求，如爱和归属感；满足尊重和自尊需求，如获得他人的认可和尊重等；以及满足自我实现和自我超越的需求，如追求个人目标和发展个人潜能等。

人的需要的全面发展要求个体在物质条件、社会环境和个人能力的支持下能够逐步满足不同层次和不同类型的需求。这种全面发展的过程是一个动态的、持续的过程，个体需要在不同阶段和不同环境中不断调整和平衡各种需求的关系。

满足人的需要的全面发展对于个体的幸福感、满足感和心理健康至关重要。当个体的各个层次的需要得到满足时，他们更有可能发展出积极的心理状态、自信心和内在动力，进而才能实现自我价值的认知和实践。

同时，社会和教育环境也应该创造条件，支持个体的需要的全面发展。这包括提供良好的基础设施和公共服务，建立和谐的社会关系和社会制度，促进公平和平等的机会，以及提供适应个体需要的教育培训机会。

因此，人的全面发展还包括人的需要的全面发展，这对于个体的幸福和社会的进步都至关重要。

5. 教育是实现人的全面发展的重要方法

教育可以提供知识、技能和价值观的传授，培养个体的智力、创造力、情感和社会能力，以促进其全面的成长和发展。

通过教育，个体可以获取各种学科知识和实用技能，提高自身的认知能力和解决问题的能力。教育还可以培养个体的创造力和创新思维，激发他们的想象力和探索精神，使他们能够独立思考、独立解决问题，为社会做出贡献。

此外，教育也扮演着塑造个体价值观和道德观念的重要角色。通过教育，个体可以接受社会公德、道德伦理和社会责任的教育，培养良好的道德品质和行为习惯，以提高个体的社会适应能力和道德素养。

教育还可以促进人际关系的发展和社会参与能力的提升。在教育过程中，个体有机会与他人互动、合作和交流，进而学习如何建立良好的人际关系、解决冲突和合作共赢。同时，教育也提供了参与社会和公民活动的机会，培养个体的社会责任感和公民意识。

综上所述，教育在实现人的全面发展中发挥着重要的作用。通过知识传授、技能培养、价值观引导和社会参与等方式，教育可以帮助个体充分发展其智力、创造力、情感和社会能力，实现自我价值的认知和实践，同时也促进社会的进步和发展。

（二）社会实践促进人的全面发展

社会实践是指个体在社会生活中积极参与各种实际活动的过程，包括工作、社交、志愿服务、参与社会组织等。

通过社会实践，个体可以获得更广泛的社会经验和知识，进而了解社会的运作规律和各种社会问题，提高社会认知能力。社会实践使个体与不同背景、观点和价值观的人进行交流和互动，促进思想的碰撞和成长，提高个体的社会适应能力和人际交往能力。

社会实践也提供了实践锻炼的机会，个体可以通过实际工作和实践活动，培养实际操作能力、解决问题的能力和创新能力。在实践中，个体会面临各种挑战和困难，通过克服这些困难，个体能够成长、发展并提高自身的能力。

此外，社会实践还促进了个体的价值观和道德观念的形成和发展。通过实际参与社会活动和服务他人，个体能够体会到社会责任和公共利益的重要性，培养出关爱他人、公正正义、诚信守约等良好的道德品质。

最重要的是，社会实践提供了实现个体自我价值的平台。通过社会实践，个体能够发现自己的兴趣和潜能，探索自己的兴趣领域和职业发展方向，实现个人价值的认知和实践。

总之，社会实践在促进人的全面发展中发挥着重要的作用。它拓宽了个体的视野，培养了其实践能力和社会责任感，促进了知识、技能、价值观和个人兴趣的发展，同时也为个体提供了实现自我价值和社会发展的机遇。

三、教育与生产劳动相结合的思想

教育与生产劳动相结合是党的教育方针的重要内容，这一方针的核心思想是将教育与劳动紧密结合起来，使教育能够为劳动服务，也让劳动能够为教育提供实践基础。这种结合有助于实现人的全面发展。

教育与生产劳动相结合可实现以下几个方面的目标。

其一，培养实践能力。通过参与生产劳动，学生能够学习和锻炼实际操作技能，培养解决问题和创新的能力，提高实践能力。这使教育不仅停留在理论层面，更注重培养学生的实际操作能力和动手能力。

其二，增强社会责任感。通过参与生产劳动，学生能够深刻体会到自己的劳动价值和对社会的贡献，增强对社会责任的认识和感受。这有助于培养学生的社会责任感和公民意识，使其成为具有社会责任感的公民。

其三，培养团队合作意识。生产劳动需要团队合作，通过与他人合作完成一项任务，学生能够培养团队合作意识和协作能力。这对于学生未来的工作和生活都非常重要。

其四，实现理论与实践的结合。将教育与生产劳动结合起来，使学生能将所学的理论知识应用于实践，将实践中的问题和挑战反哺到理论学习中，促进理论与实践的有机结合。

教育与生产劳动的结合可以培养出德智体美劳全面发展的社会主义建设者和接班人。通过劳动实践，学生不仅能够获得知识和技能，还能够培养良好的道德品质、身体素质和审美能力，使其具备全面发展的能力。

四、青年学生在实践中锻炼成长

（一）坚持学习书本知识与投身社会实践的统一

坚持学习书本知识与投身社会实践的统一是非常重要的，这种统一可以有效促进个人的全面发展和实现学习与实践的有机结合。

学习书本知识是获取理论知识和学科基础的重要途径，它提供了系统、深入的学习材料和知识框架。通过学习书本知识，我们可以获取前人的智慧和经验，拓宽视野，建立理论基础，培养思维能力和批判性思维。

然而，单纯停留在书本知识的学习中是不够的。社会实践是将所学知识应用于实际情境的重要方式，通过参与社会实践，可以将书本知识转化为实际技能，培养实践能力和解决问题的能力。社会实践也能够帮助我们更好地理解和应用学科知识，增加对社会现实的认识，培养自身的社会责任感和人际交往能力。

学习书本知识和社会实践之间的统一可通过以下几个方面实现。

结合课堂教学与实践活动：在课堂教学中引入案例分析、实验、讨论等实践性的教学方法，将抽象的理论知识与实际问题相结合，让学生在实践中理解和运用知识。

其一，提供实践机会和实习经历。为学生提供实践机会和实习经历，让他们亲身参与实际工作或社会项目，将所学知识应用于实践中，增加实践经验和实际技能。

其二，强调反思和总结。在实践活动结束后，引导学生进行反思和总结，从实践中提取经验教训，将实践经验与理论知识相结合，加深对知识的理解和应用。

其三，建立学科与社会的联系。将学科知识与社会问题、实际情境相联系，通过项目研究、实践课程等形式，让学生深入了解学科在社会中的应用和意义，培养自己解决实际问题的能力。

通过坚持学习书本知识与投身社会实践的统一，我们能够在理论和实践中不断丰富自己，提高自己的能力和素养，实现知行合一的目标，更好地适应社会发展的需求和应对挑战。

（二）将创新思维与社会实践紧密结合起来

将创新思维与社会实践紧密结合起来是推动个人和社会发展的重要途径。创新思维是指独立思考、寻找新的解决方案和创造性思维的能力，而社会实践是将创新思维应用于实际情境的实践活动。

通过将创新思维与社会实践结合起来，可达到以下效果。

其一，发现问题与解决问题。创新思维能够帮助我们发现社会实践中存在的问题，并提供崭新的、创造性的解决方案。通过实践，我们可以验证和改进这些解决方案，使其更加符合实际需求。

其二，推动社会进步与发展。创新思维的应用可以促进社会的进步和发展。通过在实践中尝试新的想法和方法，我们可以推动社会制度、科技、经济等方面的创新和发展，为社会带来更多的发展机遇。

其三，培养创新能力与创业精神。将创新思维与社会实践结合起来，有助于培养个人的创新能力和创业精神。在实践中面临各种挑战和机遇，通过创新思维的运用，我们可以更好地应对变化和创造机会，进而实现个人的成长和成功。

其四，促进跨学科合作与综合能力发展。创新思维和社会实践的结合可以促进跨学科的合作和知识的综合应用。在实践中，需要综合运用不同学科的知识和技能，通过跨学科合作解决复杂问题，也能培养综合能力和团队合作精神。

为了将创新思维与社会实践紧密结合起来，可采取以下措施。

其一，提供创新教育和培训。为个人提供创新教育和培训，培养其创新思维和实践能力，并激发其创新潜能。

其二，创设实践平台和机会。为个人提供参与社会实践的平台和机会，让他们将创新思维应用于实际问题解决中。

其三，鼓励自主创新和实践探索。鼓励个人主动探索和实践创新思维，培养其自主思考和解决问题的能力。

提供资源支持和合作机会：为个人提供必要的资源支持，包括知识、技能、资金等，同时促进跨学科合作和合作机会，加强多方交流与互动。

通过将创新思维与社会实践紧密结合起来，个人可以不断拓展自己的思维边界，应对挑战并创造新的机遇，还能推动个人和社会的全面发展。

第二节 高校大学生实践育人的构建策略

一、高校实践育人的协同机制

（一）资源共享

实践育人资源的多样性和丰富性确实对高校实践育人工作的质量和效果起着重要的保障作用。各类实践资源还提供了学生参与实践活动的平台和条件，为他们提供了实践锻炼的机会，促进其全面发展和能力提升。

教学实践类资源包括专业实验室、实验中心以及与企业共建的实践实训基地等，这些资源为学生提供了进行学科实践探索和专业技能培养的场所和设备。学生可以在实验室中进行科学实验、技术研究等活动，通过实践加深对理论知识的理解和应用能力的培养。

军事训练类资源提供了军训场所、器械和物资等，帮助学生进行军事训练和体能锻炼，同时培养学生的纪律性、团队合作精神和身体素质。

主题教育活动类资源涵盖了历史文化馆、纪念馆、博物馆等，这些场所为学生提供了了解和感受社会历史、文化传统的机会，来加强他们的思想政治教育。

志愿服务类实践资源包括志愿服务基地和接纳志愿服务的单位，这些资源提供了学生参与社区服务、社会公益活动的平台，以培养他们的社会责任感和公民意识。

社会实践调查资源提供了实践调查的场所，例如，乡镇农村、企业等，学生可以在实践中了解社会现状、问题和需求，培养调查研究能力和问题解决能力。

创新创业资源包括创新创业基地和创业中心等，这些资源为学生提供了创业教育和创新创业实践的支持和指导，帮助他们培养创新精神、创业意识和实际操作能力。

勤工助学类实践资源提供了给学生参与勤工助学的岗位和机会，通过工作实践，学生可以提升自己的综合能力和社会适应能力。

这些实践资源不仅为学生提供了实践学习的机会，也为高校实践育人工作提供了基础和保障。高校可以充分利用这些资源，通过创造有利的实践环境和条件，以促进学生的全面发展和成长。

1. 实践育人资源数量上的有限性

在实践育人资源方面存在一定的有限性。资源的数量有限限制了学生参与实践活动的机会和规模。这可能由于经费、设施、场地等方面的限制所导致。高校可能面临资源紧张的情况，无法满足所有学生的实践需求。

此外，资源的分配和利用也需要考虑公平性和公正性。资源的有限性可能导致一部分学生难以获得充分的实践机会，而其他学生则可能会享有更多的资源。因此，需要确保资源的公平分配，使所有学生都能够平等地获得实践育人的机会和资源。

为了克服实践育人资源数量上的有限性，高校可以采取一些措施。首先，可以加强与社会机构和组织的合作，开展校企合作、校地合作等，共享资源，扩大实践育人的范围和机会。其次，可以加强资源的优化配置，合理安排实践活动的时间和地点，以提高资源利用效率。此外，还可以引入先进的技术手段，如在线实践平台、虚拟实验室等，扩大实践资源的覆盖范围和利用效果。

通过以上的努力，可以在资源有限的情况下，最大程度地满足学生的实践需求，促进他们的全面发展和能力提升。同时，也需要持续关注资源的增加和优化，为实践育人提供更多更好的资源支持。

2. 实践育人资源功能上的互补性

实践育人资源在功能上具有互补性，不同类型的资源可以进行相互补充，共同发挥作用，以促进学生的全面发展。

不同类型的实践育人资源可以提供多样化的学习和发展机会。教学实践类资源，如实验室和实习基地提供学科知识和专业技能的培养；军事训练类资源通过军事训练活动培养学生的纪律性和团队合作精神；主题教育活动类资源，如历史文化馆和博物馆提供学生思想教育和进行文化素养的提升；志愿服务类资源培养学生的社会责任感和公益精神；社会调查实践资源提供实地调研和社会问题解决的机会；创新创业资源鼓励学生创新思维和创业精神；勤工助学类资源帮助学生通过工作锻炼和助学支持来提升其综合能力。

这些不同类型的资源可以相互补充，使学生在实践中获得全面的发展。学生可以通过参与多种实践活动，综合运用各种资源，培养多方面的能力和素质。例如，学生可以在教学实践中学习理论知识，然后应用到创新创业实践中；通过志愿服务活动了解社会问题，进而展开社会调查研究；在军事训练中培养团队合作和领导能力，再应用到主题教育活动中等。

因此，不同类型的实践育人资源相互补充，形成一个多元化的实践育人体系，为学生提供多样化的学习和发展机会，促进他们全面发展。教育机构根据学生的需求和发展目标，合理配置和整合各种实践育人资源，以实现最佳的教育效果。

3. 实践育人资源分布上的差异性

实践育人资源在分布上存在差异性，这主要受到地域、经济发展水平、教育投入等因素的影响。

（1）地域差异。不同地区的实践育人资源分布情况可能存在差异。发达地区通常拥有更多的高校和社会机构，资源相对丰富，也提供了更多的实践机会。相比之下，欠发达地区的资源可能相对匮乏，所以学生接触到的实践育人资源较少。

（2）经济发展水平。经济发达地区通常在教育投入上更加充足，可以提供更多的实践育人资源。例如，高校实验室、科研中心、企业合作基地等设施和资源在经济发达地区更普遍和先进，能够为学生提供更丰富的实践学习条件。相比之下，经济欠发达地区的实践育人资源则可能相对有限。

（3）教育投入。教育机构和政府对实践育人资源的投入程度也会影响资源的分布。一些高校和教育机构可能更加注重实践育人，投入更多的资源用于实践教学、实践项目和实践基地的建设。而一些资源有限的学校可能面临资源不足的挑战，因此无法提供充分的实践育人资源。

以上因素导致实践育人资源在不同地区、学校和社会机构之间存在差异。为了弥补这种差异性，可以通过加强区域间的合作与交流，共享资源；通过政策引导和教育投入的平衡，提升教育资源的整体水平；以及通过互联网和远程教育等手段，拓宽学生接触实践育人资源的途径，促进资源的均衡分布和共享。

实践育人资源的有限性特点要求我们充分利用现有资源，并积极争取外部资源的支持。这意味在资源有限的情况下，我们需要合理规划资源的使用，提高资源利用效率，同时积极争取和获取更多的实践育人资源，以满足学生的需求。

实践育人资源的互补性特点要求我们进行顶层设计和整体谋划。这意味着我们应该充分认识到实践育人资源的多样性，进行统筹规划和协同配合，以确保各种资源能够互相补充和协同作用，形成更强大的教育效果。

实践育人资源的差异性特点要求我们加大投入力度并做好统筹协调。不同地区和学校之间存在资源的差异，为了弥补这种差异，我们需要加大资源投入，同时进行合理的统筹和协调，以确保资源的公平分配和有效利用。

（二）部门联动

系统论认为，任何系统都是一个有机的整体，它不是简单地将各个部分相加，而是在合作联动的基础上实现资源的最佳分配，强调通过对要素结构和功能的分析，形成最优配置。教育整体观则以系统论为理论基础，将高校教育视为一个统一的有机整体，运用全面协调的发展原则，促进部门之间的联动，从而实现效益的最大化。在高校实践育人方面，这是一项复杂又艰巨的整体性工作，涉及高校、政府、企事业单位等多个部门。

实践育人工作的落实和深入推进不是某一个部门可以单独完成的事情，更不是单一部门或组织能够完全胜任的任务。因此，我们需要充分利用系统论和教育整体观的理念，将各个部门、组织之间进行联动，进而实现良性互动。同时，政府、实践育人接纳单位以及高校等各要素之间也需要相互支持，形成密切配合，为资源共享创造条件，实现各种资源的最佳配置，以确保高校实践育人工作的有效衔接和提高高校人才培养质量。

1.建立各层面的部门联动领导机制和体制

在实践育人工作中，从国家层面可以成立由教育部、中宣部、财政部、文化和旅游部、原总参谋部、原总政治部和共青团等中央和国家部委组成的实践育人联席工作机构，以统筹国家层面实践育人政策的制定，完善中央和国家层面各部门之间的联动机制，应该重点关注实践育人工作的整体规划和谋划。

在地方政府层面，可以建立政府主导、教育部门牵头，宣传部门、财政部门、文化部门、共青团组织、军事单位和企事业部门等各组织的地方实践育人联动机构。该机构将致力于研究和解决本地区实践育人的问题，有效整合本地区的实践育人资源，推进实践育人工作的落实，为高校开展实践育人提供条件的保障和资金的支持。

在高校层面，建议建立学校党委统一领导、党政工团共同管理、各部门协作联动和各单位具体落实的管理体制。可以成立学校实践育人工作领导小组，由校党委牵头，学工部门、校团委、教务部门、研究生教育管理部门、宣传部门、财务部门、保卫部门和后勤管理部门等单位负责人组成。该领导小组将负责统筹学校层面的实践育人工作，制定实践育人的总体规划和实施方案，营造良好的实践育人氛围和和谐环境，并与学校的中心工作进行同步部署、同等要求、同等考核和同步落实。

以上措施可以在不同层面建立联动机构和领导小组，实现高校实践育人工作的协同推进，确保各部门和组织之间的合作，促进资源的共享和最佳配置，以提高高校实践育人工作良好的效果和质量。

2. 明确部门联动中的责任分工

在实践育人工作中，明确部门联动的职责是非常重要的。部门联动的核心在于工作协同和配合，而工作协同建立在明确的部门职责和权责分工的基础上。因此，确保部门联动的顺利进行，需要明确各部门在实践育人工作中的具体职责和任务分工。

在高校层面上，可进行以下的分工和明确部门职责。

（1）教务部门。负责实践育人中实践性教学的安排，包括实践教学的时间安排、学分系统的设计和实践性课程的评价等工作。同时，也负责实践基地的管理和科技创新创业等实践活动的落实。

（2）校团委。负责组织大学生的社会实践和青年志愿者服务等实践活动，包括活动的策划、组织和评价等。

（3）研究生教学管理单位。具体负责研究生的实践育人工作，包括实践项目的安排和指导等方面。

（4）学工部门。负责勤工助学类实践活动的开展，完善大学生综合素质评价标准，将学生参与实践育人活动的表现纳入综合素质评价体系中。

（5）宣传部门。负责营造实践育人的良好氛围和宣传，宣传典型的实践案例和实践育人的成果。

（6）财务部门。负责实践育人经费的核算和划拨，确保实践育人活动的资金支持。

（7）企事业单位。负责接纳学生的教学实践环节和社会实践活动，并提供必要的条件保障。

通过明确部门的工作任务和工作内容，可以确保各部门在实践育人工作中职责明确和权责分明。这样可以增强各部门工作的积极性和主动性，推动实践育人工作的有效开展。

3. 完善部门联动的协同工作机制

机制的建设对于高校实践育人整体性建设至关重要，健全的机制是构建整体性实践育人新格局的基本要求。在部门联动工作中，建立统筹兼顾机制和协同联动机制非常重要。

以下是完善部门联动的协同工作机制的几个重要方面。

（1）建立信息交流机制。政府和高校可以作为主体建立区域性的信息交流平台，实现信息共享。建立基于制度政策、工作落实和工作成效的实践育人一体化信息平台，确保各联动部门之间的信息流通和共享。各联动单位之间应定期沟通和反馈工作进展情况，确保信息的准确性和实效性，为下一步工作提供准确的依据和参考。

（2）建立信息反馈机制。各联动单位应通过信息化平台定期对实践育人工作的推进和落实进行反馈。这有助于确保工作的步调一致，能够及时发现和解决问题。

（3）建立定期会晤机制。部门联动联席会议制度的建立是加强交流的重要方式。每年召开专题会议，对年度实践育人工作目标和工作内容进行部署安排，细化各部门、各单位的任务和分工。同时，召开工作推进会和年度工作总结会议，总结过去的工作经验，研究解决工作中遇到的问题，并制订下一年度的工作计划和目标。

（4）建立部门联动的考评奖励机制。建立部门联动工作的考评制度和奖励机制，对各部门的工作配合、工作落实和工作保障等情况进行全面的考核。通过对表现优秀的部门进行奖励，激发各部门参与实践育人工作的积极性、责任感和使命感。

（5）建立部门联动的风险分担机制。在面对可能发生的风险和干扰时，各参与部门应统一思想，积极应对并承担责任。如，能建立风险分担机制，第一时间察觉、通报、会商、决策和行动，重新评估风险点，并对育人效果不佳的原因进行系统分析，及时调整和放弃不适合的措施。

通过建立上述机制，可以提高部门联动工作的协同效能，确保高校实践育人工作的有效推进，进而实现整体性的发展和持续的育人成效。

二、高校实践育人的保障机制

（一）以思想共识为先导

舆论宣传在实践育人工作中具有重要的作用和影响力。以下是舆论宣传在高校实践育人工作中的几个重要方面。

（1）统一思想认识。通过舆论宣传，可以向全社会宣传和推广实践育人的理念、目标和重要价值。这有助于提高社会各界对实践育人的认知和理解，达成统一的思想共识，确保各方对实践育人的工作方向和目标有一致的思想认识。

（2）激励先进和树立榜样。舆论宣传可以宣扬和表彰在实践育人工作中取得突出成就的个人和团体，激励更多的人参与到实践育人中来。通过宣传成功案例和先进典型，可以进而激发广大师生的积极性和创造性，鼓励他们在实践育人中做出更大的贡献。

（3）形成合力。通过舆论宣传，可以凝聚更多的智慧和力量，促进社会各界、学校、教师、家庭和学生的共同参与和支持实践育人工作。宣传工作可以唤起社会对实践育人的关注，引导和组织各方力量一起推动实践育人工作的开展，形成全社会关注和参与实践育人的合力。

（4）营造良好氛围。舆论宣传可以塑造实践育人工作的良好氛围。通过宣传实践育人的正面效果和积极影响，可以营造出社会、高校和家庭重视、支持和参与实践育人工作的良好氛围。这种氛围为实践育人提供必要的支持和动力，能使实践育人工作得以持续推进和取得更好的效果。

总的来说，舆论宣传在高校实践育人工作中扮演着重要角色，通过宣传和引导，可以统一思想认识、激励先进、形成合力和营造良好氛围，从而推动实践育人工作的深入开展。

1.把握正确的舆论导向

把握正确的舆论导向对于高校实践育人工作的顺利推进和获得社会认

可具有重要意义。以下是一些关键点，有助于确保正确的舆论导向。

（1）价值引领。将实践育人的价值观、目标和重要意义传递给舆论，引导公众对实践育人的认同和支持。强调实践育人对个人成长、社会发展的积极影响，强调培养创新能力、实践能力和社会责任感的重要性。

（2）事实真实性。确保舆论信息的真实性和准确性，避免夸大宣传和虚假宣传。通过提供实践育人的实际案例、成果和数据，展示实践育人工作的实际成效，增加公众的信任和认可。

（3）多元视角。关注不同参与者和受众的需求和利益，确保舆论导向具有包容性和多元性。应当尊重不同观点和经验，传递正面的、平衡的信息，避免片面或偏颇的舆论导向。

（4）透明度与参与。积极公开实践育人的信息和进展，让公众了解实践育人的具体工作和效果。鼓励公众积极参与实践育人活动，促进舆论互动和信息共享，形成良好的舆论氛围。

（5）关注社会影响。将实践育人与社会发展的大局联系起来，突出实践育人工作对社会进步和创新能力的重要作用。引导舆论关注实践育人工作的社会影响，推动形成社会各方对实践育人的广泛认同和支持。

（6）高校自主性。尊重高校的自主性和特色，鼓励高校在实践育人工作中发挥其创新和探索精神。通过传递高校的实践育人理念和独特做法，引导舆论理解和支持高校的努力和成果。

综上所述，把握正确的舆论导向需要强调实践育人的价值引领、事实真实性、多元视角、透明度与参与、关注社会影响以及高校自主性。通过正确的舆论导向增加公众对实践育人的认同和支持，为实践育人工作创造良好的舆论环境。

2. 充分运用大众化媒体工具

媒体工具确实是舆论宣传的重要媒介和载体，能够广泛传播实践育人的理念、政策和成果，进而营造浓厚的实践育人氛围。以下是一些运用媒体工具的建议。

（1）利用传统媒体。报刊、广播、电视等传统媒体具有广泛的受众群体和影响力，可用于宣传实践育人的意义、政策和活动内容。通过发表专题报道、专栏文章、访谈节目等形式，向公众传递实践育人的理念、目标和重要意义，展示实践育人的成果和案例，增加公众对实践育人的认知和支持度。

（2）运用新媒体平台。互联网和新媒体平台如微信、微博、抖音等，具有传播速度快、覆盖面广和互动性强的特点，可用于快速传递实践育人的信息。通过建立官方账号、发布推文、制作短视频等形式，及时推送实践育人的政策解读、活动通知、经验分享和成果展示，进而引导网民参与讨论和互动，扩大实践育人的影响力。

（3）多样化宣传形式。除了文字报道和图片展示，还可以采用多样化的宣传形式，如视频报道、音频节目、动画漫画等，增加信息的吸引力和互动性。通过精心制作的宣传视频或音频，生动展示实践育人的过程和成果，以更具感染力的方式引发公众的关注和共鸣。

（4）精准定位受众。根据不同媒体平台和受众群体的特点，进行精准定位和推送。例如，针对大学生群体，既可以通过校园媒体和学生社交平台进行宣传；针对家长群体，也可以通过家长微信群或家庭教育类节目进行宣传。通过准确把握受众的需求和兴趣点，提供符合其特点的宣传内容，增加宣传效果和接受度。

（5）与媒体建立良好合作关系。积极与媒体建立合作关系，推动媒体对实践育人的报道和宣传。建立定期沟通机制，提供及时的新闻素材和信息，为媒体提供专家资源和采访机会，加强双方的互动合作，增强实践育人的曝光度和影响力。

总之，充分利用媒体工具，通过传统媒体和新媒体平台，以多样化的宣传形式和精准的受众定位，提高实践育人理念的传播效果和影响力，营造浓厚的实践育人氛围。同时，与媒体建立良好的合作关系，共同推动实践育人工作的宣传和推广。

3. 选树和宣传实践育人的先进典型

选树和宣传实践育人的先进典型是宣传思想工作的重要发力点，也是推动实践育人工作发展的闪光点。以下是一些关键点和做法：

（1）贴近实践育人工作和师生实际。选树的先进典型应该与实践育人工作密切相关，才能够在师生中产生共鸣和启发。典型的事迹和成就要与实践育人的目标和理念相契合，能够引发师生对实践育人的认同和认可。

（2）从选、培、树、导、护五个环节做好相关工作。选树先进典型需要有系统的工作流程，包括发现潜力人才、培养和提升先进典型的能力和素质、树立典型的形象和影响力、引导和带动其他师生参与实践育人活动、维护典型的声誉和形象。

（3）早发现、早培育。对于潜力人才和有实践育人潜力的师生，要及早发现并进行培养和引导，以便他们成为实践育人的先进典型。通过提供培训、指导和机会，帮助他们发展专业技能和领导力，使他们成为师生学习和效仿的良好榜样。

（4）充分挖掘和宣传先进典型的优秀事迹。通过多种媒体渠道，如，校报、校刊、校园电视台、官方网站等，广泛宣传先进典型的事迹和成就。以精彩的报道、短视频、图片展示等形式，展示先进典型的风采和影响力，进而激励广大师生效仿。

（5）引领和带动广大师生积极参与实践育人活动。先进典型的亲和力、感染力和带动力能够激发广大师生积极参与实践育人活动。通过先进典型的示范效应，师生可以看到实践育人的价值和意义，主动参与其中，促进自身的成长和发展。

选树和宣传实践育人的先进典型需要全校的共同努力和支持，同时也需要充分发挥媒体的宣传作用，让更多的人了解、认可和效仿先进典型的实践育人工作，进而营造浓厚的实践育人氛围。

（二）以活动建设为载体

实践活动是将学生在课堂中获得的理论知识与实际生产实践相结合的有效途径，能够帮助学生将所学知识应用到实际中去，提高他们的实践能力和综合素质。

通过系统开展实践育人活动，可以强化整体设计，构建实践育人活动体系，搭建实践育人平台，创新活动形式，才能提升活动质量。这些活动不仅能够让学生接触真实的社会环境，还能够培养学生的责任意识和创新精神，引导他们树立正确的世界观、人生观和价值观。

实践育人活动的开展还能帮助学生在实践中掌握专业技能，培养他们的团队合作能力，提高问题解决能力，增强自我管理和自主学习能力。通过这些活动，学生能够更好地理解和应用所学的理论知识，提升实践能力，并为未来的工作和社会生活做好充分准备。

1. 构建实践育人活动体系

构建实践育人活动体系是为了系统化地开展实践活动，以达到培养学生实践能力和综合素质的目标。构建实践育人活动体系的关键要点如下：

（1）设定明确的目标。确定实践育人的目标和期望结果，明确希望培养学生的哪些能力和素质。

（2）确定活动类型和形式。根据目标确定适合的实践活动类型和形式，包括实习实训、社会调研、志愿服务、创新创业等。可以根据不同专业、年级或兴趣给学生开展多样化的实践活动。

（3）建立合作伙伴关系。与企业、社会组织、政府机构等建立合作伙伴关系，共同参与实践育人活动中，提供实践场所、资源支持和指导。

（4）设计课程和项目。将实践活动融入课程体系，设置相关的实践课程或项目。确保实践活动与理论学习相结合，相互促进。

（5）提供指导和支持。为学生提供实践活动的指导和支持，包括指导教师的培训、实践指导手册、导师制度等，帮助学生在实践中获得有效的指导和反馈。

（6）评估和认证。建立实践活动的评估和认证机制，对学生的实践成果和表现进行评估和认可。可以结合学分制度或证书认证，提供给学生参与实践活动的激励和奖励。

（7）持续改进和优化。不断评估和改进实践育人活动体系，根据学生反馈和实践效果不断进行调整和优化，确保活动体系的有效性和适应性。

构建实践育人活动体系需要学校的全力支持和各方的合作努力。它能够提供学生全面的实践机会，培养他们的实践能力和综合素质，使其在毕业后能够更好地适应社会和职业需求的发展。

大学生社会实践活动在高校组织的引导下，学生主动参与其中，社会提供相应的实践平台。其中，两个重要的方向是志愿服务类实践活动和创新创业类实践活动。

志愿服务类实践活动的目的是培养学生的公德素质和社会责任感。通过组织义务支教、关爱弱势群体、社区服务、爱老助残等活动，学生能有机会走出校园，与社会各界进行互动和交流，为社会做出积极贡献。这些活动不仅帮助学生了解社会问题和需求，还能提升他们的组织能力、沟通能力和团队合作精神。

创新创业类实践活动鼓励学生在科技创新和创业领域展现才华与潜力。教育部和共青团中央组织的"挑战杯"课外学术科技作品竞赛和"挑战杯"创业计划竞赛等活动为学生提供了展示创新能力和创业意识的平台。此外，各专业教学指导委员会和专业协会也举办专业性竞赛活动，如，数学建模竞赛、创新设计大赛等；同时还提供创业培训课程、讲座、政策宣讲、创业峰会和沙龙等资源，激励学生积极参与自主创业中。

这些实践活动不仅可以丰富学生的课外经历，还能够培养学生的创新意识、团队合作能力、实践能力和创业精神，为学生的个人发展和未来职业发展打下坚实基础。同时，这些活动也提供了与社会各界进行合作与交流的机会，增强了学生的社会意识和社会适应能力。

2. 创新实践育人活动组织形式

创新实践育人活动的组织形式可以多样化，根据不同的目标和需求，可以选择适合的方式和模式。常见的创新实践育人活动组织形式如下：

（1）项目竞赛。组织学生参加各类学术科技竞赛、创业计划竞赛或创新设计竞赛等竞赛。学生通过独立或团队的方式，开展创新研究、解决实际问题，并展示他们的成果和创意。

（2）创新实验室或工作室。建立专门的创新实验室或工作室，提供学生进行创新研究、实验和项目开发的场所和资源。学生可以在这些实验室中进行自主探索和实践，得到有利的指导和支持。

（3）创业孵化器。建立创业孵化器，为有创业意愿和创新想法的学生提供所需的创业指导、资源支持和创业环境。学生可以在孵化器中孵化和发展他们的创业项目，并接受相关培训和辅导。

（4）导师制度。建立导师制度，为学生指派导师或导师团队，提供个性化的指导和支持。导师可以帮助学生规划和实施创新实践项目，提供专业知识和经验的指导。

（5）产学研合作。与企业、科研机构等外部合作伙伴建立合作关系，开展创新实践项目。学生可以参与实际的科研项目、工程项目或社会服务项目，与外部专业人士合作，从而获得实践经验和专业知识。

（6）创新创业讲座和培训。组织创新创业讲座和培训活动，邀请成功的创业者、专业人士或学术专家分享经验和知识。学生可以通过参与讲座和培训，了解创新创业的最新趋势和一些实践技巧。

这些组织形式可以根据学校的实际情况和资源配置进行调整和组合。重要的是，为学生提供具体的实践平台和支持，激发他们的创新潜能，并提供必要的指导和资源，使他们能够在实践中不断成长和发展。

3. 充分发挥大学生社团在实践活动中的组织和策划作用

学生社团是由学生自愿组成的，他们可以根据自己的兴趣爱好和志愿，自主开展各种活动。这种组织形式能够激发学生的参与热情和自主意识，培养提高他们的组织能力、领导能力和团队合作精神。

随着社会发展和国际合作的加强，学生社团与其他兄弟院校、社会组织和企事业单位之间的横向联系日益增多。这种联系可以促进资源共享、经验交流和合作发展，丰富学生社团的活动内容和形式，提升学生的综合素质和扩大国际视野。

在实践育人中，高校党团组织发挥重要的指导和支持作用。他们可以在活动设计、组织策划、经费保障等方面给予学生社团必要的指导和支持，确保实践活动顺利开展。同时，提供合适的指导教师也是保证实践活动质量的重要因素，指导教师可以给予学生专业的指导和支持，促进他们在实践中的学习和成长。

通过高质量的实践活动，学生社团可以为学生提供丰富的实践机会和平台，培养提升他们的创新能力、领导能力、团队合作能力等。同时，实践活动也可以帮助学生树立正确的世界观、人生观和价值观，培养他们的社会责任感和公民意识。

因此，在实践育人中，加强对学生社团的指导和支持，确保活动的有序开展和高质量完成，对于提高实践育人的效果具有重要意义。

（三）以基地拓展为依托

实践基地是稳定的载体，为大学生提供有目的、有计划、有组织的实践活动场所，是实践活动的基本保障。通过实践基地，大学生可以接触实际工作环境，深入参与各类实践活动，培养自身的实践能力和综合素质。

对于实践单位来说，他们应该提供更多的实践机会和安全保障，确保学生能够安全参与各种实践活动。同时，加强指导队伍建设也非常重要，指导教师和实践导师应具备丰富的实践经验和专业知识，能够给予学生有效的指导和帮助。

实践基地还应优化实践内容设计，结合学科特点和实际需求，提供丰富多样的实践活动，让学生能够在实践中学习和成长。

此外，校地合作也是实践基地发展的重要方面。学校和地方社会应该加强合作，共同建设和完善实践育人基地，实现互利共赢。建立校、企、生三方的合作平台，促进高校、实践基地和学生之间的良好互动和合作，为学生提供更多实践机会和资源。

总之，实践基地在高校实践育人活动中具有重要的地位和作用。通过加强基地建设和合作，提供良好的实践环境和条件，能够有效促进大学生的实践能力培养和综合素质的提升，推动实践育人活动的常态化发展。

1. 建立功能多样和类别细分的实践育人基地

建立功能多样和类别细分的实践育人基地可以更好地满足大学生的实践需求，提供更多元化的实践机会。以下是一些建议：

（1）学科实践基地。针对不同学科专业设置特定的实践基地，例如，科学实验室、工程实训中心、艺术创作工作室等基地，提供学科相关的实践活动和设施，让学生在专业领域进行深入实践。

（2）社会实践基地。与社会组织、企事业单位合作，建立社会实践基地，开展社会调研、社区服务、公益活动等活动，让学生亲身参与社会实践，增强社会责任感和公民素养。

（3）创新创业基地。设立创业孵化中心、创客空间等创新创业基地，提供创业指导、资源支持和创业实践机会，进而培养学生的创新思维和创业能力。

（4）文化艺术基地。设立艺术工作室、文化创意中心等，举行舞台表演、音乐创作、美术设计等艺术实践活动，培养学生的审美能力和艺术创造力。

（5）环境与可持续发展基地。设立环境保护实验室、可持续发展研究中心，等等，开展环境科学研究、生态保护实践等活动，培养学生的环境意识和可持续发展观念。

（6）国际交流与合作基地。建立国际交流与合作基地，与国际高校、机构开展合作交流项目，提供留学、实习、交流等机会，培养学生的国际视野和跨文化交流能力。

在建立这些实践基地时，需要考虑基地的资源配置、活动设计和指导教师的配备，确保基地能够提供丰富多样的实践活动，满足学生的不同需求，并配备专业的指导人员，提供相应的指导和支持。

此外，基地之间可以相互合作、共享资源，形成一个完整的实践育人体系，让学生能够根据自己的兴趣爱好和专业需求选择参与不同类型的实践活动，实现全面的实践育人目标。

2. 注重实践育人基地的稳定性

实践育人基地的稳定性是非常重要的，可以为学生提供持续、可靠的实践机会，并提高实践育人的效果。以下是一些关注实践育人基地稳定性的建议。

（1）建立长期合作关系。与企事业单位、社会组织等建立长期的合作关系，共同维护和支持实践育人基地的运行。通过签订合作协议或长期合作协议，明确各方的责任和义务，确保基地的稳定运行。

（2）提供稳定的场所和设施。为实践育人基地提供稳定的场所和设施，例如，固定的实验室、工作室、场地等，确保学生能够持续地进行实践活动。

（3）配备专业的指导人员。为实践育人基地配备专业的指导人员，他们能够提供专业的指导、支持和培训，帮助学生充分发挥实践活动的效果。

（4）提供稳定的经费支持。为实践育人基地提供稳定的经费支持，确保基地的日常运营和活动顺利开展。可以通过学校拨款、企事业单位的捐赠、政府的支持等方式获得经费。

（5）加强管理和监督。建立健全的管理机制，确保实践育人基地的规范运行。定期进行评估和监督，及时解决存在的问题，提高基地的运行效率和质量。

（6）建立评价机制。建立对实践育人基地的评价机制，定期评估基地的运行情况和实践活动的效果，根据评价结果进行相应的优化和改进，提高基地的质量和影响力。

通过以上措施，可以确保实践育人基地的稳定性，为学生提供持续、高质量的实践机会，促进他们的全面发展和成长。

（四）以经费投入为保证

经费投入是实践育人活动顺利开展的重要物质基础。确保经费的充足性和稳定性对于提升或扩大实践育人活动的质量和覆盖面至关重要。通过多渠道的经费投入保障机制，包括国家主导投入、学校专项经费、地方政府支持、公益机构和企业赞助、大学生自愿缴费等方式，可以增加实践育人活动的经费来源，提升或扩大实践育人活动的质量和覆盖面。同时，建立大学生实践教育专项基金也是一种可行的探索，可以吸引各方的捐赠和赞助，从而支持实践育人活动的长期发展。

1. 实践育人经费是教育投入的重要组成部分

实践育人经费是教育投入的重要组成部分。实践育人活动需要经费来支持各项开支，包括但不限于以下方面。

（1）实践活动组织与策划：经费用于组织实践活动的策划、安排和执行，包括活动场地租赁、器材采购、物资准备、活动宣传等方面的支出。

（2）指导教师和辅导员支持：经费用于培训和支持实践活动的指导教师和辅导员，包括专业指导费、差旅费、培训费等方面。

（3）学生实践项目资助：经费用于资助学生的实践项目，包括实践材料费、实验费用、调研费用、出行费用等，确保学生能够获得支持顺利地完成实践项目。

（4）实践基地建设与维护：经费用于实践基地的建设、设备购置和维护费用，包括场地租赁、设备维修、安全保障等方面的支出。

（5）实践育人平台建设：经费用于建设和维护实践育人平台，包括信息技术支持、网络平台运营、数据管理等方面的支出。

（6）培训与讲座活动：经费用于进行组织培训、讲座、研讨会等实践育人活动，包括专家讲师费用、会场租赁费用、资料印刷费用等。

为确保实践育人活动的顺利开展和质量提升，需要合理安排和投入经费。教育部门、高校和其他相关利益方应共同努力，加大对实践育人经费的投入，确保经费的充足和稳定。同时，也需要建立有效的经费使用和监督机制，以确保经费的合理使用和效益最大化。只有确保实践育人经费的充足和稳定，才能有效推动实践育人活动的开展，得以提高学生实践能力和综合素质。

2. 高校要有专项经费保障实践育人

专项经费的设立可以提供更有针对性和稳定性的经费支持，确保实践育人活动的顺利进行和持续发展。

设立专项经费可有以下几个方面的考虑。

（1）经费来源。高校可以通过向政府申请专项经费，从教育部门、地方政府或其他相关部门获得支持。此外，还可以通过校企合作、校友捐赠等方式筹措到专项经费。

（2）经费规模。根据高校实践育人的规模和需求，科学合理地确定专项经费的规模。可根据学校的实践育人计划和需求进行预算，确保经费的充足。

（3）经费分配机制。建立公平、透明的经费分配机制，确保经费能够合理分配到各个实践育人项目和活动中。可以根据实践项目的质量、影响力、学生参与度等指标进行相应的评估，然后进行经费分配。

（4）经费使用监督。设立专门的管理机构或委员会负责监督和管理专项经费的使用情况，确保经费使用符合规定，达到预期的实践育人效果。同时，建立相应的财务审计制度，对经费使用情况进行定期监督和审查。

通过设立专项经费保障实践育人，高校能够更有针对性地支持实践活动的开展，提高实践育人活动的质量和水平。这也体现了高校对实践育人的重视，并为学生提供更多的机会和资源，促进其全面发展。

3. 建立大学生实践育人专项基金

建立大学生实践育人专项基金是一种有效的方式，可以为实践育人活动提供可持续的经费支持。该基金可以由学校、校友、企业和其他捐赠者共同出资设立，用于专门支持和推动大学生实践育人活动的开展。

以下是建立大学生实践育人专项基金的一些关键考虑因素。

（1）基金设立。学校通过校友基金会、教育基金会等机构设立专项基金。该基金可以设立独立的账户，用于专门管理和支持实践育人活动的经费。

（2）基金筹资。基金可以通过校友捐赠、企业赞助、社会捐款等多种渠道筹集资金。此外，还可以考虑与校内外相关机构合作，来共同推动基金的筹资工作。

（3）基金管理。建立专门的基金管理机构或委员会，负责基金的管理和使用。该机构可以由学校相关部门、校友代表、教师代表和学生代表组成，确保基金的透明、规范和有效使用。

（4）基金使用。基金的使用应根据实践育人的需求和计划进行合理的规划和分配。可以设立审批程序，对符合条件的实践项目进行资助，包括活动经费、实践设备、实践场地租赁等方面的支持。

（5）绩效评估。建立评估机制，对基金支持的实践活动进行定期绩效评估和效果追踪，确保经费的有效使用和实践育人目标的实现。

通过建立大学生实践育人专项基金，可以增加实践育人活动的经费来源和稳定性，提供更多的机会和资源给学生，促进他们在实践中的全面发展。同时，基金的设立也可以进一步激励学校、校友和企业等各方的关注和支持，营造更加良好的实践育人氛围。

4. 积极探索大学生自愿缴费、互助参与新模式

积极探索大学生自愿缴费和互助参与的新模式可以为实践育人活动提供更多的经费来源和参与方式。下面是一些可能的探索方向：

（1）大学生自愿缴费。可以设立自愿缴费项目，鼓励学生主动参与并为实践育人活动进行捐款。这需要在学生中宣传实践育人的重要性，并明确捐款的用途和效益，以激发学生的自愿参与意识。

（2）校内互助基金。可以建立校内的互助基金，学生可以自愿参与其中并进行缴纳。这个基金可以用于支持有需要的学生参与实践活动，如补贴交通费、住宿费等。同时，也可以通过这个基金来奖励和支持在实践活动中表现突出的学生。

（3）校内外互助平台。建立校内外的互助平台，鼓励学生和社会各界人士共同参与和支持实践育人活动。学生通过平台发布实践项目的需求和资金需求，而社会人士自愿提供资助和支持，形成互助共赢的局面。

（4）企业赞助和合作。积极寻求企业的赞助和合作，让企业为实践育人活动提供经费支持或者资源支持等。可以与企业建立长期的合作关系，共同开展实践项目，让学生能够接触到真实的职业环境和实践机会。

这些新模式的探索需要学校、学生和社会各界的共同努力和支持。通过积极开展宣传、培养学生的意识和参与意愿，以及建立有效的管理和监督机制，可以推动这些模式的实施，为实践育人活动提供更多的经费和参与机会，从而提升实践育人的质量和效果。

第四章 大学生创新意识及能力培养

第一节 探究事物本质习性的培养

近些年，随着大学生创新成果的不断涌现，高等学校已经成为创新人才培养的重要基地之一。而在创新人才培养中涉及的诸多内容中，创新意识是进行创新创业的基础和关键，它是指学生对于新事物、新想法的敏锐感知和创造性思维能力。具备创新意识的学生才能够从日常生活和学习中发现问题、寻找机遇，并且能够通过创新思维和方法解决问题与创造新的价值。

意识确实是人类心理发展的最高水平，是人类对外界事物的反应和把握，是我们认识世界、改造世界的先导。意识以思维为核心，是人类高度复杂的心理活动之一，包括知觉、注意、记忆、思维、想象、语言、情感、意志等方面，是个体行为的内在驱动力。意识具有明确的目的性、方向性和能动性，能够主动引导和控制人的行为和活动，是人类认识和改造世界的一种重要工具和手段。

创新意识是人的一种心理潜能，是个体由于自身强烈的变革愿望，在个体和社会发展进程中产生的渴望创新、要求改变的一种意向。创新意识是人类意识活动中一种积极的意识形态。对于创新意识的具体表现，学者各有各的表述。例如，创新意识表现为主体意识、问题意识、超越意识和集体意识；创新意识由批判精神、创新思维、风险意识、系统观念四大要素构成；等等。本书主要从狭义的角度来看待创新意识，主要体现在：探究事物本质习性，正确的创新态度和坚定的创新信念，高远的创新抱负和主动的创新自觉。要实现大学生创新意识的培养，应从以上三方面入手。

一、探究事物本质习性的内涵

探究事物本质的习性可以促进创新的发生，因为它鼓励人们去深入了解问题，发现其中的内在规律和机理，从而找到更有效的解决方案。这种习性也需要在教育过程中得到培养和发展，让学生能够在探究事物本质的过程中培养出强烈的好奇心和创新精神，为未来的创新和发展奠定坚实的基础。

二、探究事物本质习性的培养过程

探究事物本质习性的形成主要由个人的性格、先天的禀赋决定。但是后天的培养训练也很重要。

（一）深入把握分析资料

这里指的是学生要学会多方面、多层次的搜集，掌握尽可能多的资料，能够正确、全面地把握材料，能够综合分析资料，并能从中得出较为正确结论。

以创业为例。一次成功的创业是在深入把握分析资料的基础上实现的，只有对创业项目的背景、内容、前景等诸多方面进行透彻地分析和研究，才能为成功提供可靠的保障。把握分析资料的能力主要通过创业实践来提升。例如，通过参加校内外的比赛和研究成功企业家的经验，可以学习到创新创业的基本知识和技能。与有经验的人交流，可以获取宝贵的实践经验和建议。通过拜访商界人士和商业团体可以了解行业趋势和市场需求，从而找到创业机会。通过直接的创业实践，可以学习到如何把理论知识应用到实践中，并从中总结经验教训，不断发掘问题和机遇，不断完善自己的创业方案。

（二）总结探究现象背后的本质

事物的本质往往不能轻易得到，它是隐藏在现象背后的真理和规律，要通过探究事物的表面现象来认识它背后的本质规律。

探究是一种主动的学习方式，指个体通过自主独立的发现问题、实验、操作、调查、信息搜集与处理、表达与交流等探索活动，获得知识技能情感和态度的发展和提高。探究注重发现问题、自主解决问题的过程，强调知识的探究和实践的体验，是一种能够促进学生自主发展的学习方式。探究不仅能够提高学生的知识水平，还能够培养学生的创新意识、实践能力和批判性思维能力，有助于学生终身学习和发展。问题是探究的起点，是探究得以产生的最基本前提，也是探究的核心。探究的实质是发现问题、解决问题。通过探究，个体在知识、技能、情感和态度等各方面都获得了发展和提高。探究的过程主要包括：观察、提出问题、查阅书籍和其他信息资源来寻找已有知识，利用各种工具搜集、分析问题，做出相应的解释，一起交流结果。

在信息泛滥的社会里，面对繁复的问题，要想解决问题，想将事情由繁而简，进行"去粗取精，去伪存真"，分析出解决问题的关键点，总结探究现象背后隐藏的本质是至关重要的。

（三）训练问题和怀疑意识

正确的怀疑意识可以激发学生思考的深度和广度，促进学生的批判性思维和创新能力。怀疑意识可以帮助学生提升自己的独立思考能力，不仅能够发现问题，更能够从问题中寻找机会和创新的点。在教育教学中，教师应该鼓励学生发挥自己的怀疑意识，提高学生对所学知识和信息的分析、评价和运用的能力，引导学生进行探究性学习，培养他们的创新思维和创造力。同时，教师也应该树立学生在怀疑、质疑中的探究精神和创新能力的正确引导和评价机制。

（四）寻求最佳解决方案

遇到事情，有很多种解决方案。首先要想到有无最佳解决方案，并进行尝试，而不是仅仅满足于解决问题。用最佳方案解决问题不仅能够节省时间和精力，而且能够更便捷地解决问题。在此过程中，要不断地克服敷衍和应付的心态。

（五）转变学习观念

学习，是人类进步成才的阶梯。不断加强学习的过程，是人们认识客观世界、修炼道德情操、积累能量、自我充实完善、锲而不舍、镂金刻石的过程。

为什而学要比学到什么更为重要。一定要明白自己学习的目的是什么，变被动学习为主动学习，并树立终身学习的观念。特别是要完成这样一个转变，即把"为考高分（正确回答已知的问题）而学习"转变成"为解决实际问题（创新）而学习"，学习就变成了有目的性的学习，并富于乐趣。

第二节 创新态度和信念的培养

进步的创新态度和信念是创新性人才必须具备的要素之一，总体来说，是对人类文明进步有一种信念，有为之做出贡献和牺牲的使命感，表现为敢于提出不同的观点，喜欢尝试新方法、探索新道路。创新态度和信念转化为内在动机，成为一个人不断取得创新性成就的巨大驱动力。

一、坚定的创新信念

坚定的创新信念是指大学生对创新的价值、意义、影响等方面有积极肯定的信念和信仰，能够在面临困难和挑战时不动摇，始终坚持不断创新。这种信念和信仰来源于对创新价值的深刻认识和理解，以及对自身能力的充分信任和自信。坚定的创新信念可以激发大学生的创新热情和创新能力，让他们在创新的道路上勇往直前，持之以恒，最终实现创新的价值。同时，坚定的创新信念也可以帮助大学生在面对困难和挑战时不轻易放弃，进而更好地应对未来的职业和生活挑战。

二、自主的创新态度

创新讲究的是独创性，而不是模仿、雷同。因此，培养创新意识，就要注意培养独立意识。自主意识是培养创新精神的重要助力之一。自主意识是指个体对自己行为的主动规划、控制和评价的认识和态度。具备自主意识的个体能够更好地掌握自己的命运，减少对外在环境的依赖，自主地去探索和尝试新的事物和方法。在创新活动中，自主意识可以使学生更自觉地掌握自己的学习进度，更主动地参与创新实践，从而更有可能获得成功。

三、敢于想象，发挥潜能

创造力并不神秘，很多创新的成果其实都出自一种好奇或者最初一个非常简单的想法，如瓦特发明蒸汽机一样，更快、更好、更强是创新的原动力。敢想是发挥自己创新潜能的先决条件。创新就是要敢于打破常规，把不可能变成可能，如果故步自封，遇到难题就认为不可逾越，便很难有信心和勇气走向创新成功的彼岸。

诚然，在很多时候，我们考虑问题首先会担心一些局限性，当然这并不是说不能考虑，关键是我们要敢于想象，看如何能突破某些局限性。世界上几乎每一个杰出的成就，如，从福特公司到迪士尼公司，从索尼公司到微软公司，都是从敢于想象开始的。

四、持之以恒，坚韧不拔

行百里者半九十，做事越接近成功越困难，越要认真对待，只有做事要善始善终，方能成功。牛顿发现"万有引力定律"和"牛顿三定律"、爱迪生试用 3000 多种材料发明电灯等事实告诉我们：坚持不懈、持之以恒是成功之道。

吉耶曼的例子告诉我们，一个人只有坚定自己的信念和理想，并为之努力不懈，才能在事业上获得成功。尤其在科学研究这种需要不断进行探索和创新的领域，需要有坚定的信念和毅力才能突破困难，取得成果。这也是培养大学生创新精神的重要目标之一，要让学生在面对挫折和困难时，能够坚持信念，克服难关，最终才能取得成功。

五、控制风险，正视挫折

在创新创业过程中，控制风险是非常重要的。这意味着必须评估和管理风险，尽可能减少可能产生的失败。在进行任何创新活动之前，必须做好充分的市场调研和风险评估，以便更好地掌握市场情况和行业趋势，从而制订更明智的决策和计划。

同时，挫折也是不可避免的。在创新创业的过程中，失败、失望和困难是常态，而非例外。因此，需要正视挫折，并学会如何从中学习和成长。挫折可以帮助人们更深入地认识自己的问题和局限性，从而找到改进的方法，增强和提高自己的能力和适应性。通过不断地尝试、失败和重新尝试，可以逐渐改善创新创业的策略和方法，提高成功的机会。

第三节　创新性抱负和自觉的培养

一、树立创新抱负

俗话说，人是要有一点精神的。所谓的精神，是远大的理想和志向。远大的理想是一个人不断前进的动力源泉。有远大的理想可以帮助人们抵御困难和挫折，激发内在的热情和动力，坚定前进的方向。同时，追求理想也是一个人不断成长的过程，可以激发人们的创新精神和探索精神，使其不断提升自己的能力和素质，从而取得更加优异的成果。

但是，远大的理想也需要和现实结合，不断进行调整和修正，以达到更加实际和可行的目标。在实践中，有时也会面临风险和挫折，需要具备足够的控制风险和正视挫折的能力，应该及时调整和改进自己的思路和行动，从而不断前进，不断成长。从古至今，大凡有作为的人，都是志向高远、有大抱负的人。虽然在芸芸众生中，最终有大作为名留青史的是少数人，但是如果没有一大群人与他们意气相投、共同奋斗，这些人也是难有大作为的。所以，无论是个人发展，还是社会进步，都需要从小树立远大的理想。

二、培养创新自觉

大量的事实告诉人们，那些在事业上取得伟大成就、对人类做出卓越贡献的人，都是在青年时期就立下了鸿鹄之志，并为之坚持不懈、努力奋斗的人。周恩来同志中学时期就立下了"为中华之崛起而读书"的志向；李四光、钱学森、邓稼先等老一辈知识分子，青年时期就立志用自己的聪明才智报效祖国。这就是创新自觉的重要表现。创新自觉是指创新人才充分认识到自身的创新活动对国家、对社会、对个人的意义和责任，进而自觉地加入到创新队伍的行列，开展创新活动的一种动力。

要培养大学生的创新意识和创新能力，需要从多个方面入手，包括教育教学改革、社会实践机会提供、科技创新环境营造等方面。同时，大学生也应该积极主动地参与各种创新创业的活动，通过实践来锻炼自己的创新能力和创业精神，并且要有坚定的创新信念，控制风险，正视遇到的挫折，不断追求成长和进步，最终实现自己的远大理想。此外，还需要强化大学生的社会责任感，让他们认识到自己的成功离不开社会和国家的支持与培养，以此激发他们的创新动力。

三、明确发展目标

发展目标是由人的社会性所决定的。人一旦具有独立意识，就会自然而然地萌发人生发展目标的思想。从心理学上看，发展目标属于心理期待的范畴；从社会学上看，发展目标属于理想的范畴。确立长远的目标对于个人的发展至关重要。长远目标能够为个人的努力提供方向和动力，也能够让个人更有意识地规划自己的未来，更有信心地迎接未来的挑战。同时，确立长远目标也需要注重实现的可行性，需要考虑自身的能力和条件以及外部环境的变化和不确定性。中期目标和近期目标需要在长远目标的基础上具体制定，进而帮助个人更好地实现长远目标。在制定目标的过程中，需要充分考虑自己的兴趣和潜力，结合社会和时代的需求及自己的个性和特长，从而找到最适合自己的方向和领域。

目标的制定是实现成功的关键之一，一个人要有明确而合理的目标，才能使自己的努力方向更加清晰。并且要不断地为实现目标而努力，始终保持持之以恒的精神，不断学习、提高自己的能力和技能，不断突破自己的局限，才能不断取得成功。同时，还需要具备坚强的毅力和耐心，遇到困难时要坚定信念，坚持不懈，直到达成目标。

四、增强开放与合作意识

在知识爆炸的时代，即使知识再丰富也相对有限。要进行创新，单靠一己之力是很难完成任务的，必须学会以开放诚恳的态度与他人相互协作。合作意识在现代的创新中正变得越来越重要，成功的取得依靠的是与人合作。

创业团队成员之间需要相互信任、互相支持、互相协作，形成一个高效的工作机制。团队成员之间的沟通和协作是非常重要的，需要经常进行交流，从而及时解决问题和调整方向。在团队建设中，也需要注意培养团队成员的创新意识和创业精神，让他们能够积极思考，不断寻找机会和解决问题的方法。一个优秀的创业团队，不仅能够充分发挥每个成员的优势和潜力，还能够迅速适应市场变化和挑战，最终才能取得成功。

第四节 大学生创新能力的开发

一、自我创新能力的开发

社会创新文化、创新环境、创新机制十分重要，但作为社会中的成员，更重要的是提高独立自主开发的意识，要把个人的创新潜能转化为创新能力。

（一）自我开发创新能力的两个方面

1. 自我表象

自我表象，又称心理表象，这个概念的确认和运用，是 20 世纪心理学对人类做出的最杰出的贡献之一。自我表象是指一个人对自己的认知和评价，是建立在自我概念基础之上的一种心理构成。自我表象是一个人对自己的信念、价值观和行为方式的反映，是由个体的内在因素和外部环境共同作用形成的，是个体认知、情感和行为的一个统一体。自我表象可以影响一个人的情绪、行为和人际交往等方面。全部的思维都产生于自我概念，而反过来又形成所谓的自我心理表象。

人人都有提升自我表象的能力，这种能力来自人的本性，但由于很多人没有认识到这一点，其创新能力就不可能发挥出来。

自我表象的另一面是对"理想自我"的思考。我们希望成为什么样的人，具有什么样的品质和能力，它通常是我们在成长过程中知道的某个人，即我们最崇拜的人的组合。

大脑中自我的位置和形象是开发自己潜能的决定性因素，我们每一个人实际上都比自己想象的要伟大得多。优质的自我表象对于创新者的成功非常重要。这种表象能够帮助创新者培养增强自信和自尊，让他们在面对挑战时更有勇气和决心。同时，优质的自我表象还能够帮助创新者建立积极的心态和良好的情感状态，从而更好地应对挫折和困难。

反之，劣质的自我表象会给创新者带来很多负面影响，比如，自卑、焦虑、失落等。这些负面情绪会严重影响创新者的创新能力和创新意愿，让他们很难克服挑战和困难。因此，创新者应该努力培养优质的自我表象，进而提升自身的创新能力和实现自身的价值。

2.自我精进

自我精进是管理者进行创新的一个基本素质。根据心理学的研究发现，当一个人面对问题时，若无法有效地理清问题产生的原因，或对解决问题束手无策时，内心就会产生压力，因此管理者必须具备保持冷静思考的能力，让自己的心境在挫折中可以得到舒解并保持平静，才能避免让自己陷入窘境。

（二）创新能力的自我开发步骤

1.克服思维定式

思维定式的存在会阻碍人们从新的角度、新的思路去思考问题，限制了创新的可能性。因此，要想创新，就要打破思维定式，尝试从不同的角度去审视问题，运用多种思考方法和工具，包括比喻、类比、反思等，开拓思路，挖掘潜力。同时，也要保持一颗开放的心态，积极接受新的思想、新的观念，不断进行学习和反思，以不断提升自己的创新能力。突破思维定式的方法有很多种，以下是一些主要的途径和方法。

（1）反思。通过反思自己的思维方式和习惯，认识到自己的思维定式，找到突破思维定式的方法。

（2）多元思维。不仅要考虑自己熟悉的领域和知识，还要从其他领域获取灵感和思路，扩大自己的思考范围，不断提高创新能力。

（3）模糊思维。放弃对问题的刻板印象和先入为主的看法，切忌固定思维，尝试新的思路和方法，寻找不同的解决方案。

（4）抽象思维。将问题从具体的细节中抽离出来，从更高层面、更宏观的角度来看待问题，寻找新的思路和解决方案。

（5）系统思维。将问题放到更大的系统和环境中考虑，理解发现问题的复杂性和关联性，从整体上寻找解决方案。

（6）创新思维。突破常规思维，采用创新的思维方式和方法，不断探索新的领域和解决方案，挑战传统的思维模式。

（7）学习思维。不断学习新的知识和技能，拓宽自身视野，增强思维的广度和深度，从而更好地解决问题。

总之，突破思维定式需要不断地学习和思考，保持开放的心态和创新的精神，不断寻找新的方法和思路，创造更多的价值。

2. 贯穿创新精神

贯穿创新精神是指在个人思维、行动和价值观中融入创新元素，不断追求新知识、新技能、新思维和新领域，积极探索未知领域，以不断创新为核心驱动力的一种精神状态。要贯穿创新精神，需要具备以下几点。

（1）以开放心态面对未知。积极主动地去接触新事物，拓展自身视野，学习新知识和新技能，尝试理解和掌握不同文化、不同领域的思维方式。

（2）鼓励创新思维。鼓励自己和他人以创新思维的方式去看待问题，不断提出新想法，敢于尝试新的方案和方法，进而获得不同的结果。

（3）保持好奇心。保持好奇心和探索精神，积极主动地去发现问题，探寻解决问题的方法，不断提高自己的创新能力。

（4）坚持实践创新。不断地进行创新实践，勇于尝试新的项目和方案，不断地从实践中总结经验和教训，并不断地完善自己的创新理念和方法。

（5）培养团队创新意识。鼓励培养团队中每个成员的创新意识和能力，激发他们的潜能，共同推进创新项目的实施和发展。

总之，贯穿创新精神需要具备开放心态、创新思维、好奇心、实践创新和团队合作等多方面的素质和能力，只有不断地强化这些方面，才能真正实现创新的成功。

3. 培养自我的创新品格

要培养自我创新品格，可从以下几个方面入手。

（1）勇于尝试新事物。不断尝试新事物，拥抱变化，不断学习新知识，发现新的机会。

（2）持续创造。不停地发挥创造力，不断寻找新的想法和解决问题的方法，同时不断提升自己的技能和知识水平。

（3）坚韧不拔。面对困难和挑战时，不要轻易放弃，要坚韧不拔，持之以恒地追求自己的目标和梦想。

（4）接受失败。创新过程中难免会遇到失败，但要学会从失败中吸取经验教训，不断调整自己的思路和方法，再继续前行。

（5）敢于冒险。创新需要冒险，需要尝试不确定的事情，要敢于冒险去实践自己的想法和创意，同时也要合理控制风险，降低失败的可能性。

（6）热情与坚持。在创新过程中要保持热情和坚持不懈的努力，要相信自己的能力和创意，同时也要倾听他人的意见和建议，不断改进自己的创意和方案。

4. 意志品质的培养

意志品质是一个人坚定实现目标、克服挑战、迎接困难的能力和品质。以下是一些培养意志品质的方法。

（1）制定目标并坚定执行。设定具体、可衡量、有挑战性的目标，并坚定地执行，增强自己的意志品质。

（2）克服恐惧。克服恐惧是培养意志品质的关键。要敢于面对挑战和困难，勇于尝试和冒险。

（3）练习自我控制。自我控制是意志品质的重要体现。要通过各种方式练习自我控制，如控制情绪、控制食欲等方式。

（4）保持乐观态度。乐观的态度能够激发人的积极性和动力，增强其意志品质。

（5）培养耐力。耐力是意志品质的体现之一。要通过锻炼身体和意志，培养锻炼耐力和毅力。

（6）寻找支持。寻找能够支持和鼓励自己的人和事，能够增强意志品质。

（7）接受失败。接受失败是培养意志品质的必经之路。要从失败中吸取经验教训，不断提高自己的能力和水平。

（8）持续学习。持续学习能够扩展人的知识面和技能，进而增强自信心和意志品质。

5. 质疑精神的培养

要培养质疑精神，可从以下几方面入手。

（1）学会提出问题。在学习或生活中，不要仅仅满足于表面的知识或经验，也要不断地提出问题。可以从日常生活、社会现象、学科知识等多方面入手，不断地思考、探究和提问。

（2）多角度思考。要学会从不同的角度思考问题，从多个角度考虑问题，帮助我们更加深入地理解问题，提出更多的问题。

（3）怀疑权威。不要轻易相信权威，要学会独立思考和判断。可以通过阅读相关文献、媒体报道等方式了解不同观点，对于权威的观点要进行反思和质疑。

（4）勇于表达。要勇于表达自己的想法和看法，不要因为担心被质疑或批评而退缩。只有不断地进行表达和交流，才能使自己的思考得到验证和完善。

（5）学习批判性思维。批判性思维是指有目的地、有系统地分析、评价和综合观点或证据的能力。学习批判性思维可以帮助我们更加深入地理解问题，同时也可以锻炼我们的质疑精神。可以通过阅读批判性思维相关的书籍或参加相关的课程来学习批判性思维。

（三）培养创新能力的途径

能力是靠教育、培养、训练、磨炼和激励出来的，创新能力更是如此。根据以往的摸索、实践和总结，可以用四个字予以概括：学、练、干、恒。

多读书：通过阅读各种领域的书籍和文章，可以拓展自己的知识面，增加创新的灵感来源。

培养好奇心：保持对周围世界的好奇心，发现问题和挑战，并尝试提出新的解决方案。

多思考、多实践：通过思考和实践来解决问题，不断探索新的方法和想法，不断提高自身的创新能力。

培养团队合作意识：创新不是一个人的事情，需要团队合作，学会与人沟通、协调和分享，实现共同推动创新。

参加创新活动：参加各种创新活动，如创业比赛、创新实践、科技展览等，增加与人交流和合作的机会。

保持开放心态：不要局限于已有的思维模式和方法，保持开放心态，接受新的思想和观点，并且从中汲取灵感。

接受挑战和失败：创新的过程中，难免会面临挑战和失败，但要学会从中汲取经验教训，不断总结和改进。

不断学习和提高：学习新知识、技能和工具，不断提升自己的能力和水平，为创新提供更多的支持。

二、应变能力的开发

创新应变能力是指在变化和不确定性的环境中，快速识别并适应新情况、新变化，及时做出判断和应对措施的能力。开发创新应变能力需要管理者具备开放的思维、灵活的反应和敏锐的洞察力，能够及时应对和适应发生的变化，积极寻找和掌握创新机会，从而推动企业的不断发展和进步。

（一）培养敏锐的观察力

培养敏锐的观察力是提高创新能力的重要途径之一。观察力是指通过感官器官对事物进行细致而全面的观察、分析和判断的能力。只有通过敏锐的观察，才能发现事物中的新现象和新规律，不断提出新思路和新想法。

以下是一些培养敏锐观察力的方法。

1. 注意细节

在日常生活中多关注细节，观察周围的环境和人物，从中发现新的细节，进行分析和归纳后，形成自己的认识和思考。

2. 多角度观察

对于同一个事物，可以从不同的角度进行观察，探究事物的多个方面，寻找新的视角和新的解决方法。

3. 多样化的经验积累

多接触不同的人和事物，从而积累更多的经验，扩大对事物的认知，同时也有助于培养敏锐的观察力。

4. 科学的分析方法

将所观察到的事物进行科学的分析和归纳，不断完善和深化自己的认知和理解。

5. 提高警惕性

在生活和工作中要时刻保持警惕，留意周围的变化和不同之处，及时发现新的问题和机会，进而进行创新和改进。

以上方法可以帮助个人培养敏锐的观察力，提高创新能力。

（二）形成立体思维和辩证的能力

形成立体思维和辩证的能力需要长期的积累和训练。以下是一些培养这些能力的方法：

（1）学习多种学科和知识领域。广泛学习多种学科和知识领域，包括哲学、历史、经济、心理学、物理学等，可以帮助我们形成多角度、全面的思考方式。

（2）阅读经典著作。阅读经典著作，可以帮助我们学会辨别各种观点和立场，同时也能够了解不同时代和文化的思考方式。

（3）反思和批判性思考。在处理问题时，我们需要多角度思考、挖掘潜在因素，并且学会从不同的角度审视和评估事物，以此形成批判性思考和立体思维方式。

（4）接受不同观点和思想。在接触不同的人和事物时，需要学会尊重和理解不同的观点和思想，拓宽我们的思考视野。

（5）参加辩论或讨论活动。参加辩论或讨论活动可以锻炼我们的思维能力和辩证思维能力，提高我们思考和表达的能力。

总之，形成立体思维和辩证的能力需要不断地实践和培养，需要我们不断地学习、反思和批判，以此来丰富我们的思考方式和解决问题的能力。

（三）学会独立思考、巧于变通

学会独立思考和巧于变通是培养创新能力的重要途径之一。

首先，要学会独立思考，这意味着不仅要能够接受和理解别人的想法和观点，还要能够自己进行独立地思考、分析和判断。要通过广泛的阅读和学习，积累知识和经验，了解不同的观点和思想，从而形成自己独立的思考方式。

其次，要巧于变通，这意味着在面对问题时，要能够灵活运用已有的知识和经验，不断寻找新的解决方法。要能够思考问题的不同方面，寻找不同的解决思路，尝试不同的方法，从而创造出新的解决方案。

在实践中，要不断地提高自己的独立思考和变通能力。可以通过与不同的人交流，与不同的领域专家合作，参加讨论和辩论等方式，不断挑战自己的思维方式，提高自己的创新能力。

（四）要脚踏实地、敢作敢为

要脚踏实地、敢作敢为是创新能力的重要表现之一。创新需要具备实干精神和勇气，只有不断尝试、勇于实践，才能不断地发现并解决问题。要以实践检验自己的创新思想和方法，不断总结经验，吸取教训，不断完善自己的创新思路和创新行动，才能在创新领域中不断前进。同时，还要具备敢于承担风险的勇气，创新需要承担一定的风险和压力，只有敢于承担和化解风险，才能更好地推动创新发展。在实践中，要尽可能地发挥自己的创新能力，不断挑战自己的极限，克服困难，为实现远大的目标而奋斗。

（五）随机应变，因势利导

随机应变和因势利导都是灵活应对变化的重要策略，能够帮助人们在不同情况下做出有效的决策和行动。

随机应变指的是在面对突发事件或者出现未曾预料到的情况时，及时调整自己的计划和策略，适应新的情况。这需要人们具备灵活的思维和敏捷的反应能力。随机应变的关键是需要不惧变化，勇于创新，善于解决问题。

因势利导则是指在分析和了解具体情况后，根据事物的发展趋势和本质规律，利用有利因素，避免不利因素，以求事半功倍的策略。因势利导地要求人们具备敏锐的洞察力和分析能力，善于把握形势，把握机遇，合理利用资源避免浪费。

综合来看，随机应变和因势利导都是灵活应对变化的策略，能够帮助人们在复杂多变的环境中应对挑战，取得更好的成就。

创新内涵是创新的本质，指反映于创新概念中的对象的本质属性的总和。它包括创新的认识、创新的思维方式、创新的机遇、创新的工程和创新的模式等。其中，创新的认识是指创新者对事物的全面了解和深刻认识，以及对旧事物进行批判性思考；创新的思维方式是指创新者具备开放的心态，敢于挑战传统观念，勇于面对遇到的困难和风险；创新的机遇是指在社会经济和科技发展中，为创新提供的有利条件和机会；创新的工程是指创新过程中必须经历研究和实践的活动；创新的模式是指创新者通过创新工程的实践活动所形成的创新模式和经验。

三、处理信息能力的开发

在当今信息时代，信息的获取、处理和利用已经成为现代管理中不可或缺的一个重要因素。管理者需要具备高效的信息处理能力，才能及时获得最新的市场信息、行业趋势、竞争对手动态等，并以此为基础进行创新活动和决策。同时，管理者还需要善于从信息中发掘出有价值的内容和意义，以此指导企业的发展和创新方向。因此，信息处理能力对于管理者的创新能力和决策能力至关重要。开发管理者处理信息能力的途径包括以下几个。

（一）搜集信息

派谁搜集、搜集哪些信息和怎样搜集信息，必须有明确的安排。布置信息的收集工作，应有完整的计划，计划包括确定问题或目标、决定所需信息的种类，确定信息来源，选择搜集的手段和方式，明确信息方式与结论等。

（二）分析信息

分析信息的首要环节是分类，把繁杂的信息加以科学分类，是应具备的能力。信息的分析过程，往往是管理者做出创新决策的酝酿与准备过程。

（三）分配信息

信息经过分析和分类，必须及时、准确地分发给有关工作部门，否则就失去信息的效益，甚至造成失误。分配信息是处理信息能力的重要标志。

（四）检查监督

工作中将信息分发给有关部门后，必须检查各部门对信息的消化、运用的情况。

（五）沟通

沟通是指交换信息、传递思想和感情的过程。在现代管理中，沟通已成为管理者必备的一项基本技能。良好的沟通能力能够促进团队合作，有效传递信息，增强员工的归属感和参与感，同时也能够加强与客户、供应商等外部合作伙伴的沟通与协作。

1. 沟通的作用

沟通在管理中扮演着重要的角色，它的作用如下：

促进团队合作：沟通能够激发员工的积极性，促进团队内部合作，协调工作关系，提高团队工作效率。

传递信息：沟通可以传递有关工作的重要信息，帮助员工了解工作任务和工作细节，避免错误和冲突。

建立信任：沟通可以提高员工和管理者之间的信任和尊重，促进企业内部的和谐氛围。

解决问题：沟通可以促进解决问题的过程，使员工和管理者都能够更好地理解对方的观点和需求，找到最佳的解决方案。

促进决策：沟通能够提供有关事实和信息，帮助管理者做出更好的决策，更好地应对变化和挑战。

总之，沟通是管理中至关重要的一环，可以促进团队合作，传递信息，建立信任，解决问题，促进决策，从而提高企业的绩效和创新能力。

2. 沟通的方式

口头沟通：通过口头语言进行信息的传递和交流，包括面对面的交谈、电话沟通、会议等方式。

书面沟通：通过文字或符号来传递信息，包括信函、备忘录、报告等。

非语言沟通：通过身体语言、面部表情、姿势等非语言方式传递信息，常见的包括微笑、眼神交流、肢体语言等。

电子沟通：利用电子媒介进行信息交流，包括电子邮件、即时通信、社交网络等。

跨文化沟通：在不同文化背景下进行信息交流，需要注意不同文化的差异和隐含规则，避免文化冲突和误解。

3. 有效沟通的基本要求清晰明了

信息必须简明扼要、准确无误，能够被接受者理解。

适时适当：在合适的时间和环境下进行沟通，选择合适的方式和语言，避免打扰接收者的工作和生活。

听取意见：沟通是双向的，不仅要表达自己的观点，还要听取对方的意见和反馈，并进行及时地回应和反馈。

坦诚相待：诚实、真实地表达自己的想法和感受，不隐瞒、不敷衍，不误导、不欺骗。

尊重他人：尊重对方的思想、观点和感受，不批评、不嘲笑、不贬低，不断提高并增强自己的理解能力和包容性。

充分准备：在进行重要沟通之前，要充分准备，了解对方的情况、态度和需求，提前思考和规划好沟通的内容和方式。

良好的态度：保持积极、开放、友好、耐心的态度，不抱怨、不愤怒、不压抑、不妥协，才能求得更好的结果。

四、控制协调能力的开发

（一）开发控制能力

控制是一种管理过程，旨在确保组织的目标得到圆满实现。控制包括规划、组织、领导和控制四个方面，既是管理过程的最后一个环节，也是组织管理中一个非常重要的环节。控制的基本作用是帮助管理者了解组织的实际情况，发现问题，纠正偏差，及时调整组织的运作方向，从而达到预期的目标。控制的方式包括预算控制、财务控制、行政控制、人际关系控制、市场控制等。为了实现有效的控制，控制应具备适当的度量标准、信息反馈、比较、纠正偏差和调整方向等基本要求。

（二）开发协调能力

协调，就是处理各种关系，解决各方面的矛盾，实现理想的配合。协调关系，就是处理企业内部和企业同外部的各种关系，共同和谐发展。

五、思维能力的开发

（一）突破思维障碍

正确的思维方式和方法对于创新至关重要，为了突破思维障碍，除了以上所提到的方法之外，还可考虑以下措施。

1. 利用模型思维

模型是指对客观事物的抽象表达，可以用来理解和分析问题，发现问题的本质，并帮助我们思考解决方案。

2. 运用对比思维

将同类事物进行比较，可以帮助我们发现相同和不同之处，找到创新点。

3. 发挥联想思维

将不同领域的知识和经验进行联想，可以帮助人产生创新思路和创意。

4. 掌握归纳和演绎思维

归纳是从特殊到一般的思考方式，演绎是从一般到特殊的思考方式，两种思维方法都可以帮助我们从已知的事实和规律中发现新的问题和寻找解决方法。

5. 运用系统思维

系统思维是将问题看作一个整体，考虑各个因素之间的相互作用和影响，才能找到最优解决方案。

通过以上措施，我们可以突破思维障碍，发掘潜在的创新机会和思考解决问题的方法，提高创新能力和创造力。

（二）扩展思维视角的方法

从不同的角度看待问题。不要局限于自己的视角，尝试从不同的角度看待问题，以获得更全面的视角。

1. 探索与发现新的想法

主动尝试不同的思考方式和解决问题的方法，从而拓展自己的思维视野，发现新的思路。

2. 阅读和学习

广泛阅读和学习不同的领域知识，有助于拓展思维视角和增强跨领域思考的能力。

3. 多方交流和讨论

与不同领域的人交流和讨论问题，可以获得不同的视角和经验，扩展思维视角。

4. 采用创新工具和方法

例如，思维导图、头脑风暴等创新的工具和方法，可以帮助拓展思维视角和发现新的想法。

5. 探索未知领域

尝试探索未知领域，从不同的领域中获取灵感和启示，有助于拓展思维视角和发现新的思路。

（三）实施创新能力开发系统工程

创新是一项艰巨的系统工程，也是人的创造工程。人，是创新工程的主角，具有创新素质的人，才能实施创新事业。一个人要进行创新，要具备以下的一些条件。

1. 克服心理阻力

人的创新心理品质是创新活动的前提，看一个人是否能进行创新活动，在很大程度上，看这个人是否具有创新心理品质。

历史上不少有建树的人都是思维活跃、敢于标新立异的人。伟大的科学家爱因斯坦所取得的巨大成就，就在于他敢于对现成的理论质疑和突破，不迷信权威，不盲目从众，不受条条框框的束缚，他自称是"最彻底的怀疑主义者"。正是由于他对传统的、绝对时空观的"同时性概念"产生怀疑，才有其"狭义相对论"的成果。因此，要克服不敢变通的思维习惯，不断地拓展自己的思路。

2. 建立创新机制

建立创新机制是促进创新的重要手段，下面是一些方法：

建立激励机制：激励机制是激励员工积极性的重要手段，可以采取物质激励和精神激励相结合的方式，如奖金、晋升、表彰等奖励。

建立创新平台：创新平台是促进创新的重要手段，可以建立创新实验室、创新工作室、创新基地等，为员工提供优良的创新环境和资源。

建立知识管理体系：知识管理体系是促进创新的重要手段，建立知识库、专家数据库、经验交流平台等，方便员工获取、分享和应用知识。

建立风险管理机制：风险管理机制是促进创新的重要手段，可以建立风险评估、风险控制、风险应对等机制，鼓励员工敢于尝试创新，同时控制到较低风险。

建立创新评估体系：创新评估体系是促进创新的重要手段，可以建立评估标准、评估流程、评估工具等标准，评估创新成果的价值和贡献，为创新提供持续动力。

建立合作伙伴关系：合作伙伴关系是促进创新的重要手段，可以与其他企业、机构、高校等建立紧密合作关系，共同开展研究、开发和推广新的创新成果。

3. 打好知识基础

丰富的知识是创新的基础。创新需要有一定的知识储备，只有掌握了足够的知识，才能更好地把握创新的机遇，提高创新成功率。同时，创新也是一个不断积累知识和经验的过程，只有不断学习、探索和实践，才能更好地开拓新的领域，创造新的价值。每个人都应该重视知识的积累，通过不断学习和思考，扩大自己的知识面和视野，提高自己的创新能力。有的人提出，在现代社会，需要的是善于交际，猎取信息，而不是知识。宁做开拓型，不做知识型，但这种看法犯了一个致命的错误：把能力和知识割裂开来，以为创新是一种信手拿来，不需要条件的东西。

4. 善于提出问题

善于提出问题是创新力的一个重要素质。只有对问题的深刻认识和准确把握，才能引发新的创新思维和创新行动，促进创新成果的不断涌现。提出问题是创新的重要起点和前提，需要不断锤炼和提高，以推动创新力的不断发展和提升。

第五章 大学生创业意识及能力培养

第一节 创业者的创业意识和创业能力

创业是一项颇具挑战性的事业，不仅对专业知识要求很高，而且对人的要求也很高，尤其拥有创业意识、创业素质和创业能力。这是创业者成功创业的基础和前提，大学生只有具备了一定的创业意识、创业素质和创业能力，才有可能创业成功。

一、创业者的创业意识

（一）创业意识的内涵

创业理想是创业者的价值追求和人生目标的集中体现。它是创业者对事业的追求和对社会、人类、自身价值的认同和追求。创业信念是创业者的思想信仰和价值观念，它是创业者在创业过程中行为准则和判断标准。创业信念在创业过程中起到引导和支持的作用，使创业者在面对挑战和困难时更加坚定，更有自信前行。

创业意识对于大学生创业来说尤其重要。因为大学生在创业之前通常缺乏相关的经验和知识，必须依靠自身的创业意识来启动和推动创业活动。创业意识的培养需要大学生在学习和实践的过程中逐渐形成，特别是需要关注社会的发展趋势和自身的职业规划，发现自身的优势和不足，从而激发创业的动机和热情。同时，创业意识还需要不断地通过实践和反思来深化和提高，以逐步形成完整的创业思维和行为模式。

大学生创业意识的形成，不是一时的冲动或凭空想象出来的。从心理学的角度分析，这种创业意识源于大学生对现实条件和就业状况的客观分析，是由于对成功的渴望和对现状的不满足而激发出来的强烈事业心和使命感，并由此产生更高的人生价值追求。

（二）创业意识的内容

1.商机意识

商机意识指的是对商业机会的敏锐洞察和把握能力，是创业者必备的重要素质之一。具有商机意识的人能够从日常生活、社会热点、市场变化等方面发现商业机会，并能够及时进行判断、分析、利用。商机意识不仅仅是发现商业机会，更重要的是能把握商业机会并转化为商业行动，实现商业成功。商机意识对于创业者的成功非常重要。

2.转化意识

转化意识是指创业者对商业机会进行深入的思考和分析，将商业机会转化为具体的商业行动的意识。在商业世界中，机会无处不在，但是真正能够转化机会为成功的创业者往往是少数。他们具备良好的转化意识，能够敏锐地发现商业机会，分析其可行性和实施方法，并将其转化为具体的商业行动。转化意识的核心是将想法转化为行动，将梦想变为现实。

3.战略意识

战略意识是指在企业或组织的经营管理过程中，对当前和未来市场环境、竞争对手、资源配置等方面进行分析、判断和决策的能力和意识。具有战略意识的人能够看到事物的发展趋势，能够在变化不断的环境中保持清醒的头脑，及时做出决策，合理调整企业战略和资源配置，以达到企业长期发展的目标。

4.风险意识

风险意识是指对于创业过程中存在的各种不确定性和风险的认识和关注。创业过程中难免会遇到各种风险和挑战，如市场风险、技术风险、财务风险、法律风险等。创业者要有足够的风险意识，及时发现和识别风险，并采取相应的措施进行应对和规避，以降低创业过程中的风险。同时创业者还要具备适度的风险承受能力和应对风险的能力，不能因为害怕风险而错失良机，更不能盲目冒险。风险意识在创业过程中是非常重要的能力。

5.敬业意识

敬业意识是指员工对工作的认真、负责、忠诚、勤奋和专注程度的意识。它体现了员工对于职业道德的遵守，对工作的责任心和使命感以及对组织的忠诚度。敬业意识对于员工和组织都非常重要。对于员工来说，敬业意识能够提高工作质量和效率，还增加个人职业发展的机会和竞争力；对于组织来说，敬业意识能够提高员工的工作积极性和工作满意度，提高组织的绩效和竞争力。敬业意识是一种非常重要的职业素养，需要在个人和组织层面进行培养和加强。

二、创业者的创业素质

（一）创业素质内涵

创业素质是一个综合性的概念，涵盖了创业者在创业过程中所需要具备的各种素质和能力，包括但不限于创业意识、创业知识、创业能力、创业品质等方面。这些素质和能力的综合水平，直接影响着创业者在创业过程中所面临的机遇和挑战时如何应对，以及创业最终的成功与否。因此，创业素质是非常重要的。

（二）创业素质要素

创业素质内涵的综合性与广泛性对于不同的人群其侧重点又有所不同，我们通过对相关理论的整理分析发现，创业素质包含以下几个方面的要素。

1. 良好的创业意识

良好的创业意识是创业成功的重要基础之一。创业需要和动机是创业意识的基础，它们能够激发创业者的创业热情，以推动创业者不断追求创新和进步。创业兴趣能够促进创业者的情感投入和坚定意志，使创业者能够克服困难，坚持不懈地追求创业目标。同时，创业者的思想、信念和世界观也对创业活动起到重要的引领和推动作用。良好的创业意识不仅能够帮助创业者克服各种困难和风险，还能够激发提升创业者的创造性和创新能力，为企业的长期发展奠定坚实的基础。

2. 健康的创业心理

健康的创业心理主要表现为良好的心态和坚韧的毅力。创业毅力不仅体现为一种信念，还体现为一种韧劲，需要创业者能够吃苦耐劳、能应对挫折或困境。

3. 丰富的创业知识

专业知识是创业成功的基本条件，没有丰富的专业知识，就难以发现把握商机和经营之道；而非专业知识，包括经营管理知识、法律知识、营销学知识、社会知识、方法论等综合知识，也对成功创业起着至关重要的作用。

4. 出色的创业能力

创业能力包括创新能力、分析创业判断能力、交流与合作能力等。

在目前许多高校教学中已经构建起一套理论与实际教学相互融合的教学体系。理论与实践"零距离"毕业与上岗"零过渡"已成为一些学校教学中的新理念。创业者需要与各种不同类型的人打交道，例如，投资人、员工、供应商、客户和竞争对手等人。因此，除了拥有强大的专业知识和技能外，也需要具备优秀的团队合作能力、沟通能力和人际交往能力，从而建立良好的人际关系并推动业务发展。只有这样，才能在竞争激烈的市场环境中生存和成功。

5. 务实的创业精神

创业精神是一种开拓进取、不断创新的态度和行为方式，它要求创业者敢于挑战自我和常规，勇于面对风险和困难，善于发掘机会和资源，以实现自我价值和社会价值为目标不断努力。对于大学生创业者来说，坚定的创业信念和顽强的创业意志可以帮助他们在创业过程中克服种种困难和挑战，而积极的创业心态和鲜明的创业个性有助于他们以更加自信和积极的态度面对创业过程中的各种情况，取得更好的创业效果。

创业意识是动力，一是缺乏创业意识，无此方面的想法与要求不可能有创业的举动，创业将成为一句空话。创业心理和创业精神是条件和保障，起调节作用，对创业中可能出现的各种情况、困难挫折必须有正确的心态。良好的心理品质会直接影响创业的成效。创业能力是核心，它是人们进行创业活动的关键因素，直接关系到创业活动的成败和效率的提高。创业知识是基础，只有掌握创业知识，创业活动才能得以顺利开展。

（三）创业素质内容

大学生是社会重要的人才资源，也是社会建设和发展的重要后备力量。随着经济的发展、时代的变革，社会要求有更多的主动创业者而不是更多的就业被动者。在这一现实的需求下，部分高校毕业生积极创业，做出了一定成绩，起到了带头的作用。

1. 成就动机

成就动机是人们期望成功的一种想法或信念。而对成就动机的探讨是创业特质研究中最重要的内容之一。默里早在 20 世纪 30 年代就开始系统地研究成就动机。他认为，成就动机这一特质指控制、操纵或组织客体、个人或观念来克服障碍，达到一个新的高度，从而超越自我、竞争对手和其他人并通过这一成功体验来增强自尊。成就动机是一种内在固有的对更有趣和更富有挑战性任务的渴望与追求，具有较强的内隐性。

中国人的成就动机主要以家庭的成就为目标。

许多创业心理研究的结果已经表明，个体成就动机的高低与个体创业行为之间存在某种程度的关系，如果个体对成功的渴望越强烈，其创业意愿也就更强烈，创业行为也越有可能出现。关于创业行为、创业意愿与成就动机之间的关系，根据心理学家麦克里兰的观点，成就动机与个体参与创业活动的意愿间存在紧密的关系，在诸多影响创业意愿的人格特质中，成就动机是创业意愿最稳定的预测特质。

在中国文化背景下，个体创业意向的结构维度包括创业需求性和创业可行性两大部分。其中，创业需求性包括创新导向、成就导向和自我尊重；而创业可行性包括个人控制和责任意识。可见，创业成就动机是中国企业家创业意向的组成部分之一。

个体的成就动机与个人的背景资料有关，这些背景资料包括个体的性别、专业、父母职业等。其中，在中国的成长过程中受其家族背景的影响最深。譬如，父母的职业、家族的经济状况、家族形式，可能对个人成就动机有所影响，父母是创业家的个体更有可能会选择自主创业。

创业是一项具有创新性和风险性的活动，同时也是一项自我挑战和跨越的活动。缺少成就动机、缺少对成功的渴望和追求，将首先从心理上使个体远离创业。因此，在高校的创业教育中，应该通过各种途径和方法增加学生的成功体验，激发学生的成就动机，提高学生超越自我的内在动力。但根据动机理论的解释，对创业而言，人的成就动机并不是越高越好，中等程度的动机是最佳的，否则会产生焦虑等消极情绪反应，反而不利于创业行为。

2. 内在控制源

内在控制源是指个人对自己行为和事件结局具有的影响力和决定权，认为自己的行动和能力对事情的发展起着决定性的作用。具有内在控制源的人更倾向于对自己的行动和决策负责，相信自己的能力和选择可以影响到事情的结果，进而更容易采取主动的行动和应对策略。

在创业过程中，具有内在控制源的创业者更能够应对和克服遇到的困难和挑战，而更容易采取主动的创新策略，充分利用自己的创新能力和创业资源，实现创业目标。因此，培养内在控制源是大学生创业素质中一个非常重要的方面。内在控制源被许多学者认为是创业者应该具备的特质之一，许多成功的创业家都表现出内控性特点。创业是成功和失败交替出现的一种行为。如果个体把成功和失败均归于外在的原因，如运气，那么，个体就失去了对自我和环境的控制。最终可想而知，创业自然也不会成功。

在大学生群体中，内控者和外控者的比例基本接近。有些学生遇到挫折和失败时总是怨天尤人，责怪机遇不好，责怪任务太难，却不会从自己身上寻找原因；有些学生有相似的经历时，会冷静地分析自己身上存在的问题、总结原因，以避免以后犯类似的错误。对于创业这样一项极具挑战性的活动，内在控制源是必须具备的一项特质。

3. 风险承担倾向

风险承担倾向预示着面对风险情境时，个体应如何做出抉择。从某种意义上看，创业与风险等同，创业意味着风险。准确地说，当机会出现的时候，伴随而来的首先是两样东西：机遇和风险。只有敢于冒险的人，才能牢牢地抓住机会。风险承担倾向往往在面临抉择的时刻起关键作用，这种抉择将伴随创业活动始终。比如，在创业前期准备过程中，有些大学生会花费大量时间思考以下问题：我到底应该从哪个行业入手开始自己的创业活动？这种活动会为我带来多少利润？假设创业过程不像预先想象的顺利怎么办？辞掉工作进行自主创业值不值得？归根结底，这些行为均是对风险的一种抗拒和排斥，但我们一定要清楚的是，没有风险的创业是不存在的；或者更进一步说，创业就是为了追求风险。

值得强调的是，风险承担倾向并不是越高越好，它的最佳点应该保持在中间水平，适度即最佳。创业者需要个体承担风险，在风险面前不退缩；反之，若这种倾向过高，则可能会转化成一种鲁莽，明知不可为而为之，将注定失败。因此，创业者所需要的风险承担倾向适度即可。

4. 问题解决能力

创业者同样非常关注个体的问题解决能力。问题解决能力很难用一个统一的定义进行界定，它更多地是指一种综合能力。问题导向的个体通常会把困难的、不熟悉的、较糟糕的任务视为可解决的。而具有较强问题解决能力的个体不愿再在工作过程中经常接受他人的帮助并拥有较强的领悟能力和较快速的信息处理能力。他们一般依据目标导向的问题解决策略并经常能够找到一些创造性的方法解决问题。独创性、敏感性、对问题的重新界定，这些品质是个体在不利环境中成功解决问题的关键因素。

5. 自动坚持自己

自动坚持和肯定自己也是创业者应该具备的特质之一。在创业的创立阶段及随后的经营阶段，在与客户、合作伙伴及金融人员的交往沟通过程中，创业者都需要一种支配性的和不妥协的态度方式。与风险承担的倾向相类似，自动坚持自己的程度保持中等水平即可。一方面，我们很难想象，个体若过度依赖他人的意见，对自己的观点不自信不坚持，还能够成功地创业且经营企业；另一方面，创业成功通常依赖与顾客或合作者进行协作，缺乏妥协会严重破坏创业的成功。

事实上，自动坚持自己可以包括很多种人格特质，如自信、执着。执着同样也是意志品质的体现。无论是面对成功或失败，如何坚定地选择，坚定不移地开创新的局面并把握中等适度的程度，是创业者都应该考虑的。

6. 不确定容忍性

不确定容忍性指个体在不确定的环境中组织信息的方式。它是在复杂环境生存的能力，能忍受矛盾、不屈不挠地解决各种复杂的问题，较高的不确定容忍性是创业人格特质的一个独特构成部分。

事实上，创业活动本身就是一项具有不确定性的活动，它是一项考验人意志的活动。不确定、不一致、不完整、模糊性、矛盾性等情况在创业过程中均有可能出现。个体能否承受这种不确定、如何承受这种不确定，将会成为创业成功的关键。当不确定的情境出现时，有些个体承受不住这种不确定所带来的压力，只能草率地处理和解决问题；也有一些个体会以一种耐心的态度，等待情境明朗化再做出决定，即对不确定情境有更强的容忍度。一些研究表明，与管理者相比，创业者具有更强的不确定容忍性。

7. 情绪稳定性

一个人若很容易烦恼和焦虑或者经常被失败的恐惧折磨，那么这个人则很不适合管理一个公司或企业。情绪稳定性对工作绩效有显著的影响，尤其对一些压力较大的工作。拥有高情绪稳定性的个体更能够肯定、更能从积极的角度思考问题并对自己的生活感到满意，很少会感到气馁。低情绪稳定性的个体则表现为焦虑、不安、悲哀和喜怒无常。高的情绪稳定性是创业者的优势所在。

8. 创新性

大学生在培养创新创业能力方面需要注重其实践和动手能力的培养。此外，也需要注重跨学科知识的学习和积累，这样才能够更好地应对复杂多变的市场环境和技术变革，进而提高创新和创业的成功率。同时，大学生也应该注重与业界的交流和合作，了解市场需求和行业趋势，为自己的创新创业实践提供更有力的支持和保障。

9. 团队或小组合作能力

对于大多数创业者来说，谈到创业就会谈到创业合作伙伴和创业团队的问题。确实，单枪匹马创业的大有人在，但更多见的是与人合作的创业，所以对于创业者而言，团队或小组合作能力也是其应该具备的特质之一。

一个成功的创业团队所应该具备的特质包括形成内聚力与一体感、团队利益第一、坚守基本经营原则、对企业的长期承诺、成员愿意牺牲短期利益来获取长期的成功果实、全身心地致力于创业新事业的价值、合作的股权配置、公平弹性的利益分配机制、经营成果的合理分享及事业能力的完美搭配等。这些特征同样也是团队合作能力的体现。

三、创业者的创业能力

（一）创业能力的内涵

创业能力是指一个人在创业实践中，能够积极主动地运用自己的各项能力，促使创业活动的顺利进行，最终创立和发展一项或多项事业的主体心理条件。创业能力是一种综合性的能力，既包括理论水平的高低，又包括实践能力的强弱，需要在长期的实践中逐渐提升和完善。大学生创业能力是指大学生具备进行创业实践活动的基本的能力和素质，大学生要通过创业实践和持续学习，不断提高自己的创业能力。

（二）创业能力的内容

创业能力是指直接影响创业实践活动效率，促使创业活动顺利进行，并能够创立和发展一项或多项事业的主体心理条件。大学生创业能力既具有创业能力的基本内涵，又有其自身特色。作为一种综合性的能力，它由多个方面的能力组成，包括但不限于以下几个方面。

（1）创新能力。发现新问题、提出新方法、建立新理论、发明新技术的能力，是创新型人才必须具备的基本能力。创新能力的培养重在培养创新思维能力、动手操作和实践活动能力及最终解决问题的能力。

（2）决策能力。指在创业活动中做出正确的决策的能力，包括决策的深度和广度，考虑问题的全面性和独立性以及决策实施的果敢和果断。

（3）经营管理能力。指在创业过程中对企业或项目进行有效管理和组织的能力，包括团队管理、资源管理、财务管理、市场营销等方面的能力。

（4）专业技术能力。指在创业过程中所需要的专业知识和技能，包括所涉及的行业、领域、产品或服务的技术性能力。

（5）交往协调能力。指在创业过程中处理人际关系、协调各方利益的能力，包括沟通能力、谈判能力、团队协作能力等社交能力。

总的来说，创业能力是一种综合性的能力，要求创业者具备多个方面的能力，才能够在创业过程中快速适应环境变化、灵活应对各种问题，从而取得成功。

第二节　创业者综合素质和能力的培养

一、创业意识的培养

创业意识可以通过教育和训练来培养和发展。它包括对创业的需要、动机、兴趣、理想和信念等方面的心理成分，影响着创业者对创业活动的态度和行为。拥有良好的创业意识可以激发创业者的热情和动力，促使其勇于创新、追求卓越，从而为创业活动奠定坚实的基础。大学生创业意识的形成是一个复杂的过程，受到多种因素的影响。大学生创业意识的形成需要大学生发挥自身的主观的努力；需要正确的家庭教育，营造良好的家庭教育环境；需要高等学校转变教育观念，调整教育目标，实施良好的创业教育；同时也需要社会深入地宣传创业，形成良好的社会舆论，形成全民创业的氛围。我们可以从社会、高等学校、家庭、个人四个层面对大学生创业意识的培养进行阐述。

（一）社会层面

社会对大学生创业的支持和创业环境的营造对于大学生创业成功至关重要。政府可以出台创业扶持政策，为大学生提供创业基金、税收减免、场地租金补贴等帮助，同时更应加强对创业市场的监管和服务，提供必要的法律咨询、知识产权保护等支持。此外，社会各界可以加强对大学生创业的引导和鼓励，为大学生提供有益的创业资源和人脉，推动大学生创业文化的形成和发展。这些都可以帮助大学生在创业过程中取得更好的成果。

1.营造良好的全民创业氛围

营造良好的全民创业氛围是促进大学生创业的一个重要举措。这需要社会各界共同努力，包括政府、企业、高校、媒体等界。

首先，政府应该制定出支持创业的政策，为大学生提供更好的创业环境。政府可以落实提供创业资金、税收减免、减轻创业者的财务风险等措施，鼓励更多的大学生投身创业。此外，政府还可以加强对创业教育的投入和推广，引导更多的大学生了解并掌握创业知识和创业技能。

其次，企业也可以为大学生创业提供支持。企业可以提供一定的资金、技术和资源支持，同时可以通过与大学生的合作，开展技术转移和市场营销等方面的合作。这些措施不仅可以为大学生创业提供实际帮助，也可以加强企业与大学之间的联系和合作，促进产业升级和经济发展。

再次，高校也应该在教育中加强学生创业意识的培养。高校可以通过开展创业教育课程、组织创业实践活动等形式，帮助学生了解创业的基本知识和技能。同时，高校也应该与政府和企业密切合作，为学生提供更好的创业环境和资源。

最后，媒体也可以发挥积极作用，通过报道创业成功案例、宣传创业理念等方式，营造良好的全民创业氛围。这不仅可以激发大学生的创业热情，也可以为社会各界提供更多的创新和创业思路。

综上所述，只有政府、企业、高校和媒体共同合作，进而营造良好的全民创业氛围，才能为大学生创业提供更好的环境和条件，促进创业成功。

2.积极创造条件，为大学生自主创业提供平台

政府在促进大学生创业方面具有重要的作用。政府应该加强对大学生

创业的指导和支持，完善良好的创业环境，提供更多创业孵化器和市场服务。政府还可以鼓励和支持创业投资，为创业者提供更多的资金支持。此外，政府还应该加强对大学生创业的政策宣传，让更多的人了解国家对大学生创业的优惠政策，激发大学生的创业积极性和创新意识。

为大学生自主创业提供平台是非常重要的，可通过以下方式来实现。

（1）支持创业孵化器。政府可以设立创业孵化器，提供创业场所和基础设施，还可以提供各种资源和支持，帮助大学生更好地进行创业。

（2）提供资金支持。政府可以设立专门的创业基金，为有创业想法的大学生提供资金支持，帮助他们创业。

（3）搭建交流平台。政府可以组织创业者交流会，为大学生提供一个交流、学习和合作的平台，增强大学生创业的信心和能力。

（4）支持科技创新。政府可以提供科技创新的支持，鼓励大学生将科技成果转化为商业价值，开展科技创业。

（5）创业教育。政府可以加强创业教育，提高大学生的创业意识和创业能力，为他们创业提供更好的基础。

这些措施可以帮助大学生更好地进行自主创业，为其提供更好的平台和条件，从而提高创业的成功率。

3.把高等学校的创业教育成效纳入学校评估体系

评估是使高等学校能够发现问题，督促高等学校提升办学水平的重要手段。评估体系的改进可以促进高等学校更好地重视和发展创业教育。除了将创业项目活动成效作为评估指标外，也可以考虑将创业教育纳入课程体系，例如，增设创业课程、创业实践课程、创新创业导论等课程，使得创业教育成为高等教育体系的一部分。同时，还可以通过组织创业比赛、创业讲座等形式，激发和培养大学生的创业意识和创业能力，增强其对创业的兴趣和热情。这样的努力，将有助于促进大学生创业教育的健康发展，进而培养更多优秀的创业人才，为社会的发展注入新的活力。

（二）高等学校层面

学校教育在培养大学生创业意识方面发挥着至关重要的作用。通过学校的教育，大学生们可以接受到更系统、更深入的创业教育，同时也能够获得更广泛、更具体的创业实践机会。在学校的创业教育中，不仅仅是相关知识的传授，更重要的是对大学生的创业意识进行激发和培养，鼓励大学生自主创业，实现自己的人生价值。

1.更新教育观念，建立全面的创业教育观

更新教育观念，建立全面的创业教育观，是培养大学生创业意识的重要前提。传统的教育观念主要强调学生应该接受知识和技能的传授，而现代的创业教育观则更强调学生的实践能力和创新能力的培养。因此，高等学校应该积极更新教育观念，把创业教育纳入教育体系中，注重培养学生的实践能力和创新能力。

同时，高等学校应该加强创业教育的研究，建立一套全面的创业教育体系，形成理论体系、实践体系和评价体系三位一体的创业教育模式。这种教育模式应该注重实践操作和创新思维的训练，进而促进大学生的创业意识的形成和创业能力的提升。

只有通过更新教育观念，才能更好地适应社会发展的需求，更好地培养具备创新能力和创业精神的人才。此外，调整培养目标也非常重要，要根据社会的需求和学生的特点，制定符合现代社会要求的多元化人才培养模式，从而更好地为学生的创业道路提供支持。另外，加强师资队伍建设也是非常关键的，高素质的师资队伍才能够提供更为精细化、个性化的创业指导，更好地引导学生在创业道路上前行。学校要从多方面激发学生的创业欲望，提高创业思维能力，掌握创业方法和策略，使他们毕业以后能够走上自主创业的道路。

创业教育是素质教育的体现，其显著特征就是创新性、创造性。这要求高等学校的教师、科研与管理人员要具有创造性思维，能为大学生的创造活动提供精神土壤。在高等教育大众化的今天，高等教育功能发生了变化，这种变化决定了高等学校要调整人才培养目标，形成多元的就业观。因为每一个人在先天的潜能、性格、爱好、才能等方面存在着差异性，我们应该尊重和保护这种差异，允许学生在某些能力上有特殊的发展。只有这样，才能培养出有特色的创造性人才。

2.构建完善的创业教育课程体系

通过将创业教育内容融入不同学科的教学中，帮助学生更好地理解和掌握创业知识，并将其应用于实践中。同时，引入外部资源也可以帮助学生与实际的创业环境接轨，了解市场需求和趋势，获得有用的创业经验和建议。这些都有助于构建完善的创业教育课程体系，提高学生的创业素质和竞争力。

创业课程应该涵盖广泛的领域和内容，以帮助学生更好地掌握创业所需的技能和知识。此外，课程内容也应该与时俱进，反映最新的创业趋势和技术发展，使学生能够跟上时代的步伐。同时，创业课程的教学方法也应该多元化，灵活性强，进而满足学生的不同需求和学习风格。综上所述，构建一个全面、系统、多元的创业教育课程体系是非常必要的。

3. 建设一支适应创业教育的师资队伍

校企合作和校园创业团队等活动是非常有效的创业教育实践方式。通过这些实践性活动，学生不仅可以深入了解市场环境和创业实践，还可以结合实际情况学习和应用相关的知识和技能，增强自己的创新创业能力。同时，这些活动也能够搭建学生与企业和创业者之间的沟通交流平台，帮助学生建立自己的人脉和资源网络。校企合作和校园创业团队等活动需要学校和企业、创业团队等社会资源共同合作，充分发挥各自的优势，达到互利共赢的效果。

4. 丰富创业教育实践活动，营造创业氛围

高等学校可以开设创业实践课程，鼓励学生积极参加各种创业实践活动，如，创新创业大赛、创业讲座、企业参观、创业实习、社会实践等。这些活动不仅可以让学生接触实际创业项目，感受创业的魅力，增强创业能力，同时，可以提高学生的组织管理能力、沟通协调能力、市场开拓能力和团队协作能力，培养出更具实践能力的创业人才。

此外，高等学校还可以组织创业实践团队，由学生自主组织、自主创业。在实践中，学生可以掌握创业所需的基本知识和技能，提高自己的综合素质。同时，高等学校还可以引导学生参加社会公益活动，增强其社会责任感，增进对社会的了解和认识，为日后创业提供有力的社会支持。通过实践活动的开展，可以促进学生创业意识的形成和创业能力的提高，为学生的创业之路打下坚实的基础。

5. 建立有效的创业教育保障机制

创业教育要取得成功，高等学校必须要建立创业教育保障机制。高等学校要成立专门的督导队伍，加强对创业教学过程的指导与监督，建立对应

的信息反馈机制。要密切关注创业实践动态，及时发现创业教学中存在的问题，并加以解决。同时，要完善激励机制，提高师生参与创业活动的积极性。各个部门要制定出一系列相互配套、行之有效的规章和措施，把干部、教师、学生参与创业教育研究和实践的成绩，作为其考核、评优、晋升的重要依据，对那些积极参与改革，取得重要成果或成绩的单位和个人，给予重奖和表彰；对在创业教育中表现突出，创业意识强、创业素质好的学生，要大力表彰。把创业实践计入学分，并对学生的创业素质进行考核，成绩计入学生的综合测评成绩里，与学生的奖学金、评优等方面挂钩。

高等学校只有高度重视创业教育，建立创业教育保障机制，调动师生的积极性，才能使学校、教师、学生形成合力，在校园内形成浓厚的大学生创业氛围，激发大学生创业激情与欲望。

（三）家庭教育层面

家庭是大学生成长的重要环境之一，对于创业意识的形成起到了至关重要的作用。家庭教育应该注重培养孩子的创新精神、创业意识和创业能力，让孩子们认识到创业是一种可以创造自由和财富的方式，有助于实现他们的个人价值和社会发展。同时，家长也要具备一定的创业素养，懂得如何引导孩子进行创业，并在必要的时候提供帮助和支持。可以通过鼓励孩子关注社会热点、鼓励孩子参加社会实践活动、为孩子提供信息资源和实践支持等方式来培养孩子的创业意识。

1. 转变传统的观念

家庭教育对于大学生的创业意识也非常重要。随着时代的变迁和社会的发展，创业已经成为一种全新的就业方式和创富途径。因此，家长也应该适应这种变化，改变传统的观念，鼓励大学生具备创业意识和能力，支持他们自主选择就业或创业。同时，家长也应该关注和支持学校开展创业教育活动，让孩子能够更好地接受创业教育，掌握创业知识和技能。这样，大学生才能够更好地适应社会发展的需要，为自己和社会做出更大的贡献。

2. 积极为子女创造有利的创业氛围

父母的创业行为会带动子女的创业愿望，形成其创业意识。其实通过数据分析得出：家庭背景的优越程度与学生创业意愿成负相关。即家庭经济状况会对学生创业意愿的强弱带来影响，越是出身贫寒的学生，其创业意愿就越强。家庭经济条件相对较差的学生更加想要通过创业成功来改善家庭的经济状况和自己的命运。

家庭环境对于孩子创业意识的发展非常关键。家长的教育方式、言传身教等都会对孩子的创业意识产生直接或间接的影响。如果家长过分宠爱孩子、过度保护孩子，不给孩子适当的机会和空间去探索、尝试、失败，孩子就会变得依赖性强、缺乏自主性和冒险精神，无法克服困难，不具备创业的勇气和毅力。因此，家长应该尊重孩子的选择，给孩子一个自由、宽松的成长环境，鼓励孩子积极进取，学习创业的知识和技能，从小培养孩子的创新精神和创业意识。

同时，家长也需要加强自身的知识储备和教育能力，掌握有关创业的相关知识和信息，了解创业的机遇和风险，进而正确引导孩子进行创业教育和实践活动，帮助孩子建立正确的创业观念和创业心态。家长的支持和关心对于孩子创业意识的发展具有重要的促进作用。目前，对于大学生缺乏创业意识，创业能力不高的现象，很多学者过多地指向高等学校创业教育的失误。单方面指责高等学校是有些偏激的，但是大学生的创业意识、创业能力的培养是多方面的合力，家庭的教育也相当重要。

家庭教育对孩子的成长和发展起着非常重要的作用。家长的行为和态度会对孩子的价值观和态度产生深远的影响。为了培养孩子的创业意识，家长可从以下几方面着手。

（1）关注先进教育思想。家长可通过参加相关的教育讲座、阅读相关的书籍、与其他家长交流等方式了解先进的教育思想，以便更好地引导孩子的成长。

（2）培养远大的目标。家长可以引导孩子树立远大的目标，从小培养其艰苦奋斗、勇于开拓进取的精神，让孩子在成长过程中有不断挑战自己的机会。

（3）成为良好的榜样。家长要为孩子做好艰苦朴素的榜样，让孩子能够养成勤俭节约的好习惯，同时也要让孩子在生活中树立正确的价值观和态度。

（4）培养独立自主意识。家长可以从小培养孩子独立自主、自力更生的意识，让孩子学会独立思考和解决问题，同时也能够养成其自我管理的好习惯。

（5）营造良好的家庭氛围。家长要实施正确的家庭教育，营造良好的家庭氛围，让孩子感受到家庭的温馨和爱，从而更好地发挥自己的潜力。

（6）支持孩子的创业想法。如果孩子有创业想法，家长应该积极支持并为孩子创造条件，让孩子能够在创业过程中得到家长有力的支持和帮助。

（四）大学生自身认识层面

自我教育可以帮助大学生深入了解创业领域，提高创业意识和创业能力。具体来说，他们可通过以下几种方式进行自我教育。

（1）读书学习。可以阅读有关创业的书籍，包括创业理论、创业实践、成功案例等方面的书籍，从中获取有关创业的知识和经验。

（2）参加课程培训。可以参加一些创业培训课程，如，创业基础课程、创业实践课程、创新创业课程等，通过专业的培训，进而系统地掌握创业知识和技能。

（3）参加创业活动。可以参加各种创业比赛、创业沙龙、创业讲座等活动，结识创业导师和成功创业者，以学习创业经验和技巧。

（4）实践锻炼。可以参加各种实践活动，如，组织创业团队、参加创业项目等，亲身感受创业的过程和挑战，不断提高自己的创业能力。

通过自我教育的方式，大学生可以不断提高自己的创业意识和创业能力，为将来的创业打下坚实的基础。

二、创业素质和创业能力培养

创业是一个复杂的过程，需要创业者具备很多素质，如，创新思维、市场敏感性、团队协作、资源整合、风险管理等。这些素质并非天生的，而是通过教育和培养来逐步发展和提升。创业素质和创业能力的教育和培养可以通过各种途径实现，如，课堂教育、实践活动、导师指导、交流分享等。通过这些途径，创业者可以不断地学习、实践、反思和改进，提升自己的创业素质和创业能力，进而为创业成功奠定坚实的基础。

（一）系统的创业素质和能力教育

创业素质的培养是一项漫长的系统工程，我们应注重在日常教学和各项活动中开发和提高大学生的创业基本素质，但不能忽视系统化、规范化的创业素质教育。

1. 更新传统教育观念，培养学生的创业意识

更新传统教育观念，培养学生的创业意识，是大学生创业教育中的重要一环。传统教育观念注重知识传授和考试成绩，忽略了创新创业能力的培养，导致很多大学生只是被培养成了"知识工作者"，缺乏实践和创新创业能力。为了使大学生更好地适应当今社会的需要，需要更新传统教育观念，要注重创新创业教育。

一方面，高校应该调整教学内容和方式，提高学生的实践能力和创新能力。除了传统的知识教育，学校还应该开设多种实践课程和实践活动，如，创业课程、创新创意竞赛、创业实践等，让学生在实践中掌握创业知识和技能。同时，学校应该采用多种教学方式，如，案例教学、小组讨论、团队合作等，以培养学生的创新思维和合作精神。

另一方面，家庭教育也应该更新观念，注重培养孩子的创新创业能力。家长应该引导孩子勇于尝试，鼓励他们发挥想象力和创造力，培养他们的实践能力和创新意识。同时，家长也应该提高对创新创业教育的认识，积极支持孩子的创业想法，为孩子提供必要的帮助和支持。

总之，更新传统教育观念，注重创新创业教育，是培养大学生创业意识的重要一环。学校和家庭都应该积极参与创新创业教育，共同培养学生的创新创业能力，才能为他们未来的成功铺平道路。

2. 调整高等教育的培养目标，培养大学生创业素质和创业能力

调整高等教育的培养目标，将创业素质和创业能力作为重要目标之一，是培养大学生创业意识的重要措施之一。高等教育应该注重学生的实际能力和素质的培养，而不是仅仅注重学生的学术成绩。因此，高等学校应该在课程设置、教学方法、考核方式等方面做出相应地调整，进而培养学生的创新创业能力。具体而言，可以开设创业教育课程，邀请创业导师、企业家、投资人等嘉宾，讲授创业理论和经验；加强创业实践教学，组织学生参加创业比赛和创新创业实践项目，提高学生的创业能力和实践经验；重视学生的综合素质，注重学生的综合评价，包括学术成绩、实践能力、团队合作能力、创新创业能力等，给学生创业提供全面的支持和帮助。

高等教育的培养目标需要更多地关注学生的综合素质和创新能力，而不是只注重知识和技能的传授。通过全方位的教育，可以培养学生的创新思

维、创造力、团队合作能力等，从而为学生的创业之路打下坚实的基础。同时，教育者还需要为学生提供更多的实践机会和创业资源，让他们能够在实践中掌握创业技能和经验，进而更好地实现自己的创业梦想。

（二）优化课程设置，实行课程目标模块化

优化课程设置是提高创业教育质量的关键，其中，实行课程目标模块化是一种较为有效的方式。

所谓课程目标模块化，是将课程的目标拆分成一个个具体的模块，以便更好地完成学生的综合素质培养和能力提升。在创业教育中，可以将创业能力培养拆分成多个模块，如，创业思维、市场分析、商业计划书编写等，将每个模块的目标和教学内容都明确化，形成一套完整的创业课程体系。

通过课程目标模块化，学生可以更清晰地了解每个模块的学习目标和内容，有针对性地提高自己的创业能力。同时，教师也可以更有针对性地开展教学，进而提高教学效果。

除了创业课程，其他专业课程也可以进行目标模块化的设计，以提高学生的综合素质和职业能力。创业素质中所需要的创业知识往往更注重针对性而非系统化教学。

在高校课程设置中，应该根据学生的需求和职业发展方向，适当增加创业教育课程。同时，创业教育课程也应该与专业课程紧密结合，通过开展实践性教学活动，帮助学生将所学知识和技能应用到创业实践中。此外，还可以探索开设"创业导师"课程，引入成功的创业者和行业专家，让学生能够接触到最新的市场信息和行业趋势，学习创业经验和管理知识，促进创业素质的提升。

（三）改变教学方式方法，培养学生创业能力

教师应该将学生放在教学的核心位置，鼓励学生积极参与课堂讨论、提出自己的观点和想法，让学生充分发挥主体作用。教师在教学过程中应该尊重学生的思考方式和学习兴趣，建立多元化的教学模式，采用案例教学、团队合作等方式，让学生更好地理解所学知识和技能，并发挥自身的创新和创造能力。同时，教师应该充分利用现代教学技术和教学手段，建立互动式教学环境，让学生更加积极地参与到课堂中，进而促进学生的全面发展。

1.在教学方式上，主要采用现场教学和讲座相结合的方式

现场教学和讲座相结合的方式是一种有效的教学方式，可以丰富学生的学习经验，提高学生的学习兴趣和学习效果。在现场教学中，学生可以亲身体验创业活动的过程，感受到创业过程中的困难和挑战，才能更好地理解和掌握创业知识和技能。在讲座中，专业的创业导师、企业家、投资人等可以为学生提供宝贵的经验和建议，帮助学生更好地了解市场和行业动态，为学生的创业活动提供指导和支持。同时，讲座可以为学生提供创业合作和资源整合的机会，促进学生之间的交流和合作。因此，现场教学和讲座相结合的方式可以有效提高学生的创业素质和创业能力。

讲座是一种非常有效的教学方法。通过讲座，学生可以听到来自实践者、专家和成功企业家的经验和故事，了解创业领域的最新动态和趋势，拓展视野，更深入地了解市场环境和商业运作的实际情况。同时，讲座还可以激发学生的创新思维和创业意识，使他们为创业做好心理准备。除了讲座，也可以邀请创业导师、成功创业者等人士到校为学生提供指导和支持，帮助学生更好地理解和应用所学知识。

2.在教学方法上，采用讨论法、案例教学法等方法

采用讨论法和案例教学法等教学方法可以激发学生的思考和创新能力。讨论法可以使学生在思考和讨论中建立对知识的理解和认识，培养其自主学习、自我发现的能力；案例教学法则可以通过实际案例，引导学生了解创业过程中的难点、风险和机遇，促使其深刻认识到创业的现实情况和需要掌握的技能。这些教学方法不仅可以培养学生的分析和解决问题的能力，还让学生能够在实践中运用所学知识，进而更好地应对未来的创业挑战。

（四）积极开展大学生创业实践活动

目前，高校的创业教育蓬勃发展，但多局限于课堂教学，又缺乏创新实践环节。而创新是一项实践性非常强的事业。事实上，即使学生的创业之梦多么美好、创业规划多么完善，若缺乏创业实践的熏陶都只能是虚无缥缈的海市蜃楼。同样，大学生的创业素质也不是凭空而降的，是在实践的基础上逐步培养起来的。

（五）开展创业讲座、创业沙龙、创业计划竞赛等问题

我们可以通过组织各种学生活动，如，学生社团、创业实践和创业计

划大赛等，让学生创业能力得到锻炼和提高，使大学生成为富有激情的实践者，成为艰苦创业的实干家。创业素质教育的实践活动既要加强教学计划内的实践环节，如实习实训、参观学习、军事训练、劳动教育等，还要加强教学外的实践活动，如校园文化活动、专业技能竞赛、各种类型的文化指导服务等；既要在校园内进行，也要走向社会、服务社会，还可请有创业经历的成功企业家参与创业讲座，他们有创业的时间和创业的心得，完全能够开诚布公地和学生交流其创业的经验，既包括成功的经验又有自己在创业中走弯路、甚至失败的经历，学生得到的经历会更加准确也较有说服力。

创业活动是培养大学生创业素质和创业能力的重要途径，它能够使学生在实践中更好地理解和应用所学知识，掌握市场环境，了解行业趋势和竞争格局。同时，创业活动还可以锻炼学生的创新创业能力，提高学生的自信心和决策能力，增强学生的社会责任感和团队合作精神。因此，在大学生创业素质教育中，必须注重实践环节的设置和开展。

（六）建立创业基地，让学生参与社会实践活动

建立创业基地是培养大学生创业素质的有效途径之一。创业基地不仅可以是学校与企业、政府等单位联合建设的实践基地，也可以是学校自建的实践基地。学生可以在基地中进行各种实践活动，如创业课程设计、创业计划制定、市场调研、产品设计等。基地中还可以安排企业家、成功创业者、投资人等为学生讲解创业经验，开展专业知识培训，进而帮助学生了解市场状况、把握商机，提升学生的实际操作能力。

同时，学校也可以组织学生参与社会实践活动，例如，组织学生到一些创业企业、创业园区等地实地考察，从而了解创业现状和创业环境；组织学生参与一些创业竞赛，锻炼学生的创业能力和实践操作能力；还可以组织学生与企业、投资人等进行交流，促进学生与社会的深入联系。这些实践活动使学生更加深入地了解创业，提高他们的创业素质和创业能力。

（七）打造实践平台

在勤工助学方面，可以为学生提供各类实践性岗位，如企业实习、市场调查、产品设计等，让学生了解企业运营、市场营销等方面的知识，从而为将来的创业做好充分准备。在创业园方面，可以为学生提供创业项目的孵化、指导和资金支持等服务，让学生实践创业过程中所学的知识和技能，同

时也提供了交流和合作的平台，帮助学生互相学习和成长。通过这种双轨制模式，学生可以更加深入地了解创业行业和市场，增强自己的实践经验和自信心，从而为未来的创业打下坚实的基础。

建立创业基地是非常有必要的，因为它可以提供学生实践创业的平台，使得学生能够更好地了解创业的实际情况和流程，提高创业能力。同时，勤工助学中心与创业园的双轨制模式也是非常值得借鉴的。这种模式不仅可以让学生在实践中更好地学习创业知识和技能，同时也减少了创业的风险和门槛，提高了学生的创业意愿和积极性。在创业教育中，实践环节是非常重要的，只有让学生真正地动手实践，才能更好地提高他们的创业素质和创业能力。

（八）建立大学生创业网站，鼓励大学生网上创业

建立大学生创业网站是一个很好的创业教育措施，它可以为大学生提供一个在线创业平台，鼓励大学生网上创业。通过该网站，学生可以了解市场信息、交流创业经验、查询法律法规等，还可以发布自己的创业项目，寻找投资人、合作伙伴等。同时该网站还可以提供专家指导、创业辅导、创业培训等服务，以帮助学生在创业道路上更好地发展。

在建立大学生创业网站时，需要注意以下几点：

网站建设应该具有创新性和实用性，要满足学生创业的需求和兴趣；

要提供完善的服务，如市场分析、融资渠道、法律法规、技术支持等，以帮助学生在创业过程中解决问题；

要加强宣传，让更多的学生了解和参与该网站，进而提高创业成功率；

要配备专业人员，为学生提供创业咨询和培训等服务，帮助学生克服创业难题；

要加强与各地创业服务机构的合作，充分利用各种资源，为学生提供更好的创业支持。

通过建立大学生创业网站，可以让学生更好地了解创业市场、掌握创业技能，使学生更有信心和勇气创业。

高校在进行大学生创业教育时，不仅要注重培养学生的创业意识和创业能力，还应该注重全面提高学生的综合素质。以下是一些指导思想和方法：

以学生为中心，应注重发掘和激发学生的主观能动性，让学生在实践

中体验创业的乐趣和挑战，培养学生自主创新的能力。

创新教学方法，采用案例分析、小组讨论、演讲比赛、企业实习等多种教学手段，激发学生学习的兴趣和动力。

以课程为载体，通过增设创业教育相关的选修课、实践性课程等方式，提高学生创业素质和能力。

建立创新创业基地和孵化器，为学生提供创业的场所、资源和支持，鼓励学生进行创业实践。

强化学生实践能力，通过组织学生参加各种创业大赛、创业论坛、企业实践等活动，不断提高学生创业能力和实践能力。

注重文化素质教育，培养学生的社会责任感和良好的道德品质，增强学生的社会适应能力。

以上方法可以帮助高校在大学生创业教育中不断创新，提高教育质量，以促进大学生全面发展。

（九）培育高校校园创业文化

中华民族是一个勤劳勇敢富有创造精神的民族，但长久以来，创业文化一直都没有得到重视。直到21世纪的来临，创业文化才引起了人们的重视。然而，创业文化的兴起却不是一种自发形成的过程，它需要政府与社会培养。作为一种培育的文化，在观念知识层面上必然需要知识精英率先进行创造，逐渐推广、普及、提高，因此，高校无疑应该成为培植创业文化的重要阵地。

校园创业文化是指在高校内，针对创业活动和创业精神所形成的一种文化氛围和价值取向。它包括学校、学生和社会资源的整合，创新、创造和创业精神的培养以及成功案例的宣传和推广等多个方面。通过培育校园创业文化，可以为大学生提供更多的机会和平台，鼓励他们勇于创新、挑战自我，提高自我素质和创业能力。同时，也能促进学校与社会的互动，推动地方经济发展，才能实现双赢。

创业文化作为一种具有特殊价值观念和人才培养特色的文化现象，对于高校的创新创业教育和创业者的成长都至关重要。创业是这个时代经济增长的推动力，也是解决社会就业矛盾的一个重要途径。培育和发展创业文化不仅是社会经济发展对高校提出的新要求，也是高校自身扩张和发展的迫切需要。无论什么类型的大学，都应该顺应世界高等教育改革和发展的趋势，开展创业教育，振兴创业文化，塑造大批高素质的创业者，不断为社会做出应有的贡献。

对于创业者，积极的创业文化可以凝聚其精神力量，激励其创业热情，引导其树立正确的创业价值观和行为准则，同时也起到约束作用，让创业者在创业过程中遵循法律规定和社会公德，避免出现盲目冒险和不负责任的行为。

对于创业企业，积极的创业文化是其诞生、发展和壮大的灵魂和精神支柱。积极的创业文化可以营造一个积极向上、充满创新和活力的企业文化氛围，激发员工的积极性和创造性，进而提高企业的核心竞争力和市场竞争力。

对于创业活动，积极的创业文化也产生了重要的潜移默化的影响。它可以引导创业者在创业活动中注重创新和社会责任，促进企业的可持续发展，同时也能够推动社会经济的发展和进步。

1. 创业文化融入大学文化中

将创业文化融入大学文化中，可通过以下方式实现：

建立创业教育体系：大学可以建立完善的创业教育体系，包括创业教育课程、创业指导服务、创业实践活动等，也为学生提供全方位、多层次、个性化的创业教育服务。

培养创新创业意识：大学应该加强学生的创新创业意识培养，通过开展各种形式的科技创新活动、校园创业比赛等，从而引导学生培养创新精神和创业思维。

打造创业文化氛围：大学可以通过校园创业文化节、创业大赛等形式，营造浓厚的创业文化氛围，激发学生的创业热情和梦想。

建立创业孵化平台：大学可以建立创业孵化平台，为学生提供场地、资金、技术、市场等全方位支持，促进学生创业项目的顺利启动和发展。

引导创业思维的融入专业教育：大学可以将创业思维融入专业教育中，引导学生将所学知识和技能应用到实际的创业中，提高学生的实践能力和应用能力。

2. 创业文化融入教学过程中

教学是高校的主阵地之一，大学生三分之二的时间在课堂，因此把创业文化融入教学过程能起到更好的效果。比如，在讲授公共课或者专业课的时候都可以把创业文化融入教学中，创业文化与学生的就业、创业紧密相关，所以创业文化的融入不仅提高了学生学习的积极性，而且提高了教学的实效性。但是创业文化的融入还需要教师积极配合，这牵涉到转变教师观念、提高教师认识的问题。为此，应积极培训教师，让教师积极参与到其中来。

3.建立良好的创业机制

各级政府对大学生创业活动的支持与扶植是其创业成功的保障。创业机制既是创业的导向，也是创业的规范，为大学生创业搭建平台。

4.发挥社团的带头作用

学生社团在高校中往往起到先锋的作用，通过社团带动大学生创业是一条很好的途径。学生社团的主要作用有以下几方面：

（1）充当校园文化的主力军

文娱体育类社团在大学校园文化中"唱主角"，如爱乐社团、话剧联盟、文青社等，这类社团在繁荣和活跃校园文化方面作用很大。

（2）发挥思想教育作用

形成学校—院系—班级理论学习组织体系，而公益实践类社团近年来也迅速拓展。

（3）服务大学生发展需求

就业创业类社团异军突起，如创业者协会、创业促进会等。创业意味着探索、意味着风险、意味着艰辛、意味着磨难，也就必然伴随着挫折和失败。但大学生只要具备了不怕风险、敢于创新、意志坚强、诚实守信等创业素质，就大概率能有所作为、成就事业。

第六章 大学生创业机会的把握

第一节 创业机会概述

机会是人在各种经济和社会活动中遇到的，促进自身事业发展的客观现象，是人能取得成功的一个重要因素。在经济和社会发展的过程中，存在着多种多样的机会，如商机、战机等。创业机会是诸多不同类型机会中的一种。由于创业者的自身特质、知识、经历有所不同，必然导致创业者或潜在创业者对机会的认识差异化。抓住创业机会的关键在于敏锐地发现商机、深入了解市场需求和竞争对手情况、确定自身的优势和不足、制订可行的商业计划，并进行积极行动。在寻找创业机会的过程中，需要有一个开放的心态，不断学习和探索，同时保持敏感的眼光，关注行业和社会的发展趋势，切勿盲目跟风和模仿。同时，成功的创业者还需要具备坚定的信念和强大的执行力，勇于承担风险和挑战，始终保持热情和耐心，不断地寻找并抓住机遇。

一、创业机会的含义及特征

（一）创业机会的含义

创业机会是指在市场经济条件下，一个人或一组人基于对市场的洞察、对社会需求的分析，发现并能够利用一定资源和条件创造出满足市场需求的新产品、新技术、新服务或新商业模式等，从而获得经济利益的机会。创业机会来自市场的变化、科技进步、社会需求、政策变化等多种因素，但需要创业者具备敏锐的洞察力和判断力，及时抓住机遇，从而实现自我价值和社会贡献的双赢。

创业机会不仅是市场机会，也是商业机会，它指的是一种特殊的商业空间和商务活动的机会，其核心在于可以为消费者或客户创造价值，为创业者带来回报，并且具有持久性和吸引力。同时，创业机会还可以是一种技术机会、资源机会或组织机会等机会。创业机会的把握是创业成功的关键，需要创业者具备敏锐的市场洞察力和判断力，善于发现商机，抓住时机，以实现自身的创业目标。

（二）创业机会的基本特征

正是因为创业机会具有客观性和偶然性的双重特点，所以，新企业更需要通过对市场环境的深入观察和分析，以及自身资源、能力和创新意识的发掘和整合，来识别和抓住创业机会。创业机会的基本特征还包括：

（1）稀缺性。创业机会是稀缺的，只有少数人能够抓住机会，进而成功创业。

（2）可塑性。创业机会可以被新企业或创业者所塑造和发展，而且不同的创业者可以对同一个机会做出不同的创新和创造。

（3）不确定性。创业机会存在一定的不确定性和风险，包括市场需求、竞争环境、技术难度等方面的不确定性，因此需要新企业对机会进行充分的评估和制定规避风险的策略。

（4）时效性。创业机会具有时效性，可能在某个时期出现，并在未来的某个时间点消失或衰退，因此需要新企业及时行动，抓住机会。

（5）综合性。创业机会需要考虑市场需求、技术可行性、可行性分析、资金等多方面的因素，新企业需要在这些因素之间进行权衡和整合，才能成功抓住机会。

二、创业机会类型

（一）根据创业机会可识别性分类

根据创业机会的可识别性，可以将创业机会分为显性机会和隐性机会。

显性机会是指那些相对明显、易于识别的商业机会或市场机会，例如，市场上某种产品或服务供不应求、存在明显的市场空白或消费者需求等。显性机会通常比较容易被发现和利用，其市场需求和商业价值具有明显的可见性。

隐性机会是指那些不太容易被察觉、难以预测、甚至表面看来根本不存在的商业机会或市场机会。例如，某种新技术的出现、政策环境的变化等都可能带来隐性机会。隐性机会的特点是需要更多的市场研究和风险投资才能被发现和利用，但一旦成功发现和利用，其商业价值通常会更高。

在创业过程中，既要关注显性机会，也要注意寻找隐性机会。对于显性机会，要尽快抓住机会，利用先发优势，实现快速成长；而对于隐性机会，则需要进行深入的市场研究和技术创新，才能在未来市场中获得竞争优势。

（二）根据创业机会来源分类

根据创业机会的来源，可以将其分为内部机会和外部机会。

内部机会是指由企业内部的资源、能力、技术、经验等因素产生的创业机会。这些机会往往是由企业自身的发展需要或其现有业务的延伸而产生的，例如，基于企业现有产品或服务的升级或创新，或是基于企业现有的资源、技术和管理能力等方面的延伸或拓展。

外部机会是指来自企业外部环境、市场需求、政策环境等因素产生的创业机会。这些机会往往由于市场变化、政策调整、社会发展等因素而产生的，例如，某个市场空白或者新兴领域的机会，或是政策的扶持和引导所带来的机会等。

对于内部机会，企业应该充分发掘自身的优势资源和能力，进行有效整合和创新，以扩展现有业务或进入新的领域。而对于外部机会，企业需要及时了解市场需求和政策环境，进行有效的市场研究和策略规划，以把握机遇，快速进入市场并赢得竞争优势。

（三）根据创业机会影响时间的分类

根据创业机会影响时间的不同，可将创业机会分为以下两类。

（1）短期创业机会。这种机会通常是基于当前市场环境的现有需求和趋势，可以在较短时间内开展创业活动并获取商业利益。例如，在某一特定时期，某种产品或服务的需求量猛增，对应的供应却不足，就会形成短期创业机会。这种机会都需要快速反应和行动，否则市场机会可能很快消失。

（2）长期创业机会。这种机会通常是基于市场趋势或潜在需求的预测，需要在较长的时间内进行市场调研、技术研发等前期工作，并在未来的市场中逐步实现商业价值。例如，在智能家居领域，当前市场需求并不高，但是随着人工智能技术和物联网技术的发展，未来智能家居市场的需求有望迅速增长，因此，这就是一个长期的创业机会。这种机会需要创业者具备长远眼光和足够的耐心，同时需要不断进行技术创新和市场拓展。

（四）根据创业机会主体分类

根据创业机会主体的分类，可以将创业机会分为个人创业机会和社会化创业机会。

个人创业机会是由个人主动发掘和创造的创业机会，通常由个人对自己的技能、经验、知识、兴趣等因素进行综合分析和判断，进而找出适合自己的创业机会，并进行开发和实施。

社会化创业机会是由社会环境和社会资源主导的创业机会，通常是由社会环境和社会资源的变化、需求的变化等因素带来的机会，例如，政策变化、市场需求变化、科技进步等变化，需要创业者积极地发掘和利用。

不同类型的创业机会具有不同的特点和优势，个人创业机会具有灵活性和个性化的特点，更符合个人的兴趣和需求，但同时也需要个人具备较强的创业能力和资源整合能力；社会化创业机会则具有更大的市场空间和更强的资源支持，但需要创业者具备敏锐的市场洞察力和快速反应能力来把握。

（五）根据创业机会客体分类

根据创业机会客体的不同，可将创业机会分为以下三类。

（1）产品或服务创业机会。指在市场上出现的，或尚未被充分满足的，或者市场上需要更好的替代品的产品或服务创业机会。这种机会通常来自于对市场需求的分析，创业者可以根据消费者的需求、行为、习惯等情况来创造出新的产品或服务，以满足消费者对某种产品或服务的需求。

（2）生产技术创业机会。指在生产领域内，通过技术的研发、应用和创新，产生的创业机会。这种机会通常涉及某种新的生产技术或者某种生产技术的改进，创业者可通过新技术的研发和应用，进而实现成本的降低和效率的提高。

（3）市场结构创业机会。指在市场中，由于市场结构的不平衡或者存在某种缺陷，而形成的创业机会。这种机会通常涉及市场需求、供给、竞争等方面的结构问题，创业者可以通过改变市场的结构或者打破市场的结构性限制，以实现利润的最大化。

三、创业机会来源

（一）技术变革

创业技术变革是指新的科技进步、创新和发明等因素带来的创业机会。

在技术变革的推动下，很多传统行业正在面临变革和颠覆，同时也会涌现出许多新的行业和市场。把握技术变革所带来的创业机会是非常重要的。

例如，随着移动互联网和人工智能的发展，新的商业模式和应用正在不断涌现。创业者可以基于移动互联网和人工智能的技术优势，发掘新的商业机会，创造新的价值。另外，新的科技进步也会带来新的市场需求，例如，生物技术、环保技术等领域，都具有巨大的商业潜力。

创业者在抓住技术变革所带来的机遇时，需要具备相关的技术知识和创新能力，同时还需要了解市场需求和消费者行为等因素。只有将技术与市场需求相结合，才能真正更好地利用技术变革所带来的创业机会。

（二）社会和人口因素的变化

社会和人口因素的变化同样会创造出创业机会。市场需求是不断变化的，不同阶段的社会和人口因素变化会产生不同的市场需求。随着当前社会和经济发展的加快，这种社会和人口因素变化带来的市场需求则更加明显。比如，人的寿命延长导致的老龄化问题，产生了老年人用品市场方面的创业机会；相当数量的女性就业，产生了家政服务业和快餐饮食方面的创业机会。社会和人口因素是紧密相连在一起的，而有时社会文化的变革也是创业机会生成的引擎，比如，随着中国国家实力的不断增强，中国文化产业的相关市场也相应地蓬勃发展起来，越来越多的其他国家的人开始学习太极拳、中医等，唐装、中餐和中国结等中国文化产品在国外的市场规模也越来越大。

社会和人口因素的变化影响了消费者对产品和服务的需求，而这种需求的变化就生成了创业机会。如，欧美人口逐渐减少的趋势就引发国外一些大学吸收来自发展中国家的留学生的需求，从而也产生了一些针对国际学生的服务项目。

社会和人口因素的改变也生成了针对新的市场需求所要求的新问题解决方案，这些方案会比现有方案更加有效。如，西方国家的母亲节、情人节、圣诞节等节日，越来越多地渗透到中国人的生活中去，并逐渐成为年轻人追求的一种时尚，从而生成或将要产生出许多新的创业机会。

（三）市场需求条件

市场需求条件表现为某个产业里消费者对产品和服务的偏好特性。市场需求条件产生的创业机会，通常主要有以下三种。

1. 新需求

随着经济和社会的发展，市场会产生与发展阶段相适应的新需求。这些新需求提供了新的商机，使得创业者能够创造出与之相适应的新产品和服务。例如，随着互联网技术的发展，人们对于线上购物、在线教育、社交娱乐等方面的需求不断增加，这促使了电商、在线教育、社交网络等行业的发展和壮大。了解市场需求的变化和趋势，及时把握和满足市场需求，是创业者抓住创业机会的重要途径之一。

2. 市场供给缺陷

非均衡经济学认为，市场供给不完全均衡，导致市场存在一些结构性缺陷。这些结构性缺陷可能是由于市场中供给和需求的不匹配、技术和生产力的不断变化、政策环境的变化等原因造成的。如果创业者能够识别这些结构性缺陷并提供相应的解决方案，就能创造出新的市场需求和机会。

3. 发达国家（或地区）产业转移

不同地区的发展水平、制度环境、人口结构等因素都会导致产业结构的差异，从而可能带来新的创业机会。例如，一些国家和地区的制造业成本相对较低，吸引了一些跨国公司将制造业转移到这些地区，这也为当地的创业者提供了一些机会。另外，一些地区可能在特定领域具有一些独特的资源或优势，例如，自然资源、文化遗产等，这也可能成为创业机会的来源。

4. 产业差异

研究发现，创业者生成新企业的能力在不同产业中存在较大差异，形成这些差异的原因通常可能包含以下四方面：产业生命周期、知识条件、产业结构和产业动态性。

（1）产业生命周期

新企业在产业的成长期比其在产业的成熟期表现通常更好。依据产业的生命周期，一般能将其分为成长性产业、成熟性产业和衰退性产业。成长性产业一般是指社会对其产品或服务的市场需求比国民收入或人口的增速快的产业；衰退性（走下坡路）产业一般是指其产品或服务的市场需求比国民收入或人口的增速慢的产业；而成熟性产业一般是指其产品或服务的市场需求与国民收入或人口的增速相当的产业。

（2）知识条件

知识条件表现为某个产业中支持产品和服务形成的知识类型。产业知识条件中有三种类型的对新企业有利。第一，创新源促进新企业的创造。由公共机构（比如，政府部门、大学、科研机构等）组织生成新技术的产业比由企业组织生成新技术的产业通常会形成更多的新企业，其中一个原因是大学、政府部门等公共机构对知识外溢不敏感。第二，具有更高研发强度（单位销售额中企业投入的研究与开发费用，表明企业在新知识创造方面的投入）的产业通常更有利于新企业的生成。一般来说，研发密集型产业生成的新企业会更多。第三，创新过程的性质影响新企业的形成。如果创新和新技术开发要求有较大的资金投入和业务规模，往往只有成熟的大型企业才能进行，汽车产业是其中的典型代表。相反，在一些诸如软件这样的产业，对初始规模要求很低，新创的中小企业在这些产业里则具有很好的生存能力，能比大企业提供更灵活的服务。

（3）产业结构

对于创业者来说，选择合适的市场或产业是非常关键的一步。不同的市场或产业具有不同的竞争情况、商业模式、技术水平等特征，需要创业者根据自己的资源和能力进行选择。同时，选择市场或产业时还需要考虑未来的发展趋势和前景，避免进入到一个已经饱和或者萎缩的市场或产业中。因此，在选择创业机会时，要进行充分的市场调研和分析，了解所在市场或产业的潜在机会和挑战以及自身能够提供的竞争优势，才能更好地选择适合自己的创业方向。

（4）产业动态性

动态性的产业一般是指技术变革速度较快的产业，如 IT 产业等。通常，成长或动态的产业能创造出更多的创业机会，也催生出大量新企业。

总的来说，新产品（或新服务）、新原料或新管理方法的发明、探索和创造催生出大量的创业机会。它需要创业者更多地注意、预测和分析动态的技术、人口、政策和需求等的变化规律，从这些复杂、不确定的社会经济变化中发掘创业的机会信息，进而确定与之相匹配的机会类型。

第二节 创业机会识别

创业机会识别是创业过程的起点。只有识别到创业机会，创业者才能开始下一步的规划和实施。创业机会的识别需要创业者具备一定的市场洞察力和敏锐度，也需要对市场的需求、趋势和变化有深入的了解和观察，更需要对产业结构和技术进步的发展有一定的预判和判断能力。同时，创业者还需要有开放的心态和创新的思维方式，能够从多个角度看待问题，发掘潜在的机会。只有掌握了这些技能和能力，才能在市场中发现、把握和利用创业机会，以实现创业成功。

一、创业机会识别的内涵和目的

（一）创业机会识别的内涵

创业机会识别是创业成功的关键起点，也是决定创业成功与否的重要因素之一。通过对市场、行业、技术、社会和人口等多种因素的综合考量和分析，创业者可以识别出潜在的商业机会或市场空白，进而确定可行的创业方向和具体的创业项目，为后续的创业规划、资源整合、商业模式设计等方面提供基础。

（二）创业机会识别的目的

创业机会识别的过程中，既可以从多个创意中筛选出潜在的创业机会，也可以从单一的创意中分析是否存在市场需求和如何满足需求来识别创业机会。但无论是从哪个角度入手，识别出潜在的创业机会都需要深入的市场调研和分析，以充分了解市场需求、竞争情况、技术趋势等因素，并选择最具有潜力的创业项目。在识别过程中，针对创意的市场需求进行分析，进而从创意中识别出具有市场需求且现实可行的创意。在综合考虑创业者和创业环境等因素的前提下，建立创业机会识别的标准。正确的创业机会识别能够帮助创业者更准确地了解市场需求，确定适合的产品或服务，并避免无效的投入。同时，创业机会识别也是寻找创业伙伴和融资的重要依据，能够吸引投资者和创业伙伴的注意力，提高融资成功的概率。对于创业者来说，进行有效的创业机会识别是实现创业目标的重要一步。

（三）创业机会识别的过程

创业机会识别的过程通常包括以下几个步骤。

其一，确定创业领域和市场范围。创业者需要先确定自己感兴趣的创业领域，对这个领域的市场范围有一定的了解。这有助于创业者更有针对性地进行市场研究和分析，进而找到更准确的创业机会。

其二，进行市场研究。通过各种市场研究方法，如问卷调查、访谈、焦点小组等，了解潜在客户的需求、市场规模、竞争对手情况等信息。通过市场研究，创业者可以更好地了解市场需求，以此找到切实可行的创业机会。

其三，分析竞争对手。对竞争对手的产品、市场份额、营销策略等进行分析，找到对自己的创业有影响的因素。这有助于创业者了解市场现状，从而为自己的创业定位找到更合适的市场空间。

其四，分析技术趋势。了解当前技术发展趋势，对未来可能出现的技术和市场变化进行分析和预测。这有助于创业者更好地把握市场变化趋势，寻找符合未来市场需求的创业机会。

其五，评估商业价值。对创业机会进行综合评估，包括市场规模、市场需求、商业模式、营销策略、盈利预期等因素的考虑。这有助于创业者更准确地判断创业机会的商业价值和可行性，以避免盲目创业。

其六，确定创业项目。最后，根据前面的分析和评估结果，确定最具有潜力的创业项目，并进行进一步的准备和实施。

二、影响创业机会识别的因素

影响创业机会识别的因素是多方面的，创业者需要综合考虑各种因素，以便更好地识别和把握商业机会。创业机会识别是一个复杂的过程，不仅需要创业者具备一定的个性特征和知识技能，还需要结合社会关系网络、创业环境和不同类型创业机会的异质属性等因素进行一系列的分析和判断。

（一）创业者的个体特性

创业者的个体特性是影响创业机会识别的重要因素之一。不同的人具有不同的性格、经验、技能、知识和信念，这些因素会影响他们对机会的识别和判断。例如，创业者的创新性、冒险性、自信心、决策能力等个体特质，可能会影响他们是否愿意承担创业风险、是否能够快速适应市场变化和是否能够成功地识别和利用商业机会。

此外，创业者先前的工作经验和知识背景也会影响他们对机会的识别。具有相关工作经验或专业知识背景的创业者，更容易识别相关领域的商业机会，并具备其开发和运营相关业务所需的技能和知识。

最后，创业者的人脉关系和社会资本也可能影响他们对机会的识别。拥有广泛的社交网络和丰富的人脉关系，可能会帮助创业者获得更多的市场信息和商业机会，更好地识别和利用商业机会。

（二）社会网络对机会识别的影响

社会网络对创业机会识别具有重要的影响。创业者的社会关系网络可以为其提供大量的信息和资源，帮助其发现和利用创业机会。通过社会关系网络，创业者可以获得行业和市场的内部信息，了解潜在客户和竞争对手的需求和行为，获得资金、人力和技术等资源，以及与行业领袖和政府官员建立联系，从而获取政策和法律法规的信息。

社会网络可以为创业者提供不同类型的信息，包括市场信息、技术信息、人力资源信息、政策信息等。这些信息可以帮助创业者识别潜在的创业机会，以提高创业成功率。

此外，创业者的社会关系网络还可以影响其对创业机会的识别方式和识别效果。不同类型的社会关系网络可以提供不同的信息和资源，从而影响创业者的视角和认知偏差。例如，一个创业者如果主要与同行业的人建立联系，可能会过分关注该行业的问题，而忽略其他行业的创业机会。因此，创业者需要拥有多元化的社会关系网络，以获取更广泛的信息和资源，从而更好地识别创业机会。

（三）环境因素对机会识别的影响

环境因素对机会识别的影响主要包括市场需求、技术进步、政策环境、文化氛围等方面。

首先，市场需求是创业机会识别的核心因素之一。市场需求的变化会直接影响到创业者的机会识别和判断。例如，随着人们对健康生活的需求不断增加，健康饮食、健身器材、瑜伽培训等市场需求不断增加，这些需求都可能成为创业机会。

其次，技术进步也会影响到机会识别。随着科技不断进步，一些新兴技术的应用和发展，可能会产生新的市场和商业机会。例如，人工智能、区块链等新技术的出现，带来了智能家居、数字货币等新兴市场。

政策环境也是影响机会识别的重要因素之一。政府的政策引导和支持，会对某些产业的发展和创业机会的形成产生积极的影响。例如，政府对于环保产业的支持，带动了环保技术和产品的创新和发展，同时也为创业者提供了新的创业机会。

最后，文化氛围对机会识别也有影响。不同的文化氛围对于某些市场需求和消费习惯的形成和变化有重要作用，也会带动一些创业机会的产生和发展。例如，西方国家的"共享经济"和"无人便利店"等商业模式在国内的兴起，部分原因是受到了文化氛围的影响。

三、创业机会识别的技巧

（一）掌握信息

创业机会来源于某种信息，创业者或潜在创业者平时要能养成不断地留意、收集各种有关机会信息的好习惯，这对创业者事业发展会有帮助。信息渠道通常是很多的，如，广播电视、报纸杂志、国际互联网等传播媒体，既可以是一些专业书籍、资料，也可以是专家讲授、街谈巷议、朋友交流等所见所闻。那么，创业者究竟要掌握哪些重要的信息呢？创业者要想有计划地掌握创业机会信息，一般通过以下渠道。

1. 消费者

消费者是指购买产品或服务以满足个人或家庭需求的人群。在市场经济中，消费者的作用非常重要，他们决定了产品或服务的需求和市场规模。消费者的需求是市场经济中的核心，企业的生产和营销都是为了满足消费者的需求。因此，了解消费者的需求和行为，是企业在市场竞争中获得成功的关键。

了解消费者的需求和行为是创业机会识别过程中至关重要的一环。通过直接与消费者交流、观察市场、分析数据等方式，创业者可以更准确地把握市场需求和趋势，更好地开发出符合消费者需求的产品或服务，获得市场的认可和支持。此外，创业者还需要注意消费者的反馈和投诉，并及时采取措施加以改进，以不断提升产品或服务的质量和市场竞争力。

2. 现有企业

现有企业也是创业机会识别的重要信息来源。通过对现有企业进行分析，可以了解市场上已有产品和服务的特点和不足，从而找到潜在的创业机会。创业者可以通过市场研究、竞争对手分析等手段来了解现有企业的产品定位、市场占有率、营销策略等情况，找出可以改进或创新的方向，寻找市场空白并寻找机会。

此外，与现有企业的合作也可以为创业者提供创业机会。通过与现有企业的合作，创业者可以利用现有企业的资源和客户网络，提高创业项目的成功率。同时，与现有企业的合作也可以使创业者进一步了解最新的市场和行业，发现新的创业机会。

但是，创业者也要注意避免与直接竞争对手进行合作，因为这可能会削弱创业者的竞争力和市场地位。创业者应该选择与间接竞争对手或行业上下游企业合作，进而实现资源共享和互利共赢。

3. 政府机构

政府机构也是影响创业机会识别的重要因素之一。政府的政策法规、资金支持、市场监管等方面都会对创业者的机会识别和创业决策产生影响。政府出台的优惠政策和扶持计划，如，创业担保贷款、创业创新基金、创业帮扶计划等，能够帮助创业者减轻创业风险和资金压力，也降低进入门槛，为创业者提供更加有利的发展环境和机会。此外，政府的市场监管、知识产权保护和行业准入规定等方面，也对创业机会识别和创业行为产生重要影响。政府的政策导向和监管机制影响不同领域和行业的市场供求格局和竞争格局，进而影响新创业机会的出现和发展。创业者需要及时了解和把握政府的政策导向和监管规定，结合自身的创业方向和特点，制定相应的创业计划和策略。

4. 研发机构

研发机构是指专门从事科学技术研究和开发的机构，如大学、研究所、科技企业等。这些机构通常具备一定的研发实力和技术资源，能够研发出新产品、新技术和新服务，从而为创业者提供创业机会。与现有企业相比，研发机构更注重科技创新和技术研发，能够提供更为前沿的技术支持和市场预测，对于技术密集型的创业项目尤其重要。与政府机构相比，研发机构更具有专业性和针对性，对于创业者而言也更具有实用性和操作性。

创业者可以通过与研发机构的合作，获取专业技术支持和市场信息，获得更为前沿的研发成果和技术资源，减少技术研发成本和时间，提高产品和服务的竞争力。同时，与研发机构的合作也有利于创业者提高创业项目的知识产权保护和市场竞争力，为创业者提供稳定的技术合作伙伴和市场预测，降低市场风险。

（二）善于观察

作为经常性的有关总体市场变化情况的分析，通常从下列几方面来观察。

1. 他人的成功经验

学习他人的成功经验是一个非常好的方式，可以帮助创业者在创业机会识别方面更具有洞察力。创业者可以通过研究其他企业家的成功经验，探究他们是如何发现和利用创业机会的，了解他们在行业和市场中所面临的挑战和困难，以及如何来克服这些困难。同时，也可以从他们的失败经验中吸取教训，避免重复犯错，提高创业成功的概率。

创业者可以通过各种方式学习他人的成功经验，如，参加创业者论坛、参加行业会议、加入创业组织或网络社区等。此外，可以阅读关于成功企业家和企业的书籍、文章和采访，从中了解他们的思考方式和经验。最重要的是，创业者应该通过自身的经验和观察，不断地进行反思和总结，从中提炼出适合自己的经验和教训，并将其应用于自己的创业过程中。

2. 市场竞争情况

市场竞争情况指的是针对某个市场或者行业，已经存在的竞争者以及它们之间的相互竞争关系。在创业机会识别过程中，了解市场竞争情况非常重要，这关乎到新企业是否能够生存和发展。以下是市场竞争情况对创业机会识别的影响。

其一，确定市场需求。通过分析已有竞争者所提供的产品或服务，可以更好地了解市场需求和消费者对产品或服务的偏好。

其二，确定市场空白。分析市场竞争情况可以找到尚未被满足的市场需求，发现市场空白，为新企业的发展提供机会。

其三，确定目标市场。了解市场竞争情况可以帮助创业者确定目标市场和定位策略，从而更好地满足消费者需求，以提高市场竞争力。

其四，制定差异化策略。了解市场竞争情况可以帮助创业者找到自身与其他竞争者不同的优势，制定差异化策略，更好地区分市场。

其五，评估市场风险。分析市场竞争情况可以帮助创业者评估市场风险，减少投资风险，进而增加企业成功的可能性。

总之，市场竞争情况是创业机会识别中不可忽视的一个因素，需要认真分析和评估，为新企业的发展提供有力的支持。

3.创业机会的现实性

即使某个创业机会是一个很有前景的机会，但对于特定的创业者而言，他仍然需要进一步分析机会的现实性，判断这一机会是否是自己能够加以利用的，又是否值得自己开发。

对某个创业者而言，为了能做出理性的判断，其必须回答以下几个问题：

第一，观察自身是否拥有利用创业机会所需的关键资源。面对某个创业机会，企图利用这一机会的创业者不一定要拥有所需的全部资源，但其一定要拥有利用这一机会的关键资源，如，新企业相应的运营能力、技术设计与制造能力、公共关系、营销渠道等资源。否则，要么创业无法起步，要么在创业过程中会受制于他人。如，一家新企业的掌上电脑投入市场后十分畅销，但不难想象，如果该企业缺乏运营掌上电脑的多数关键资源，其也无法生产并销售这一产品，更不要说凭此创业。

第二，观察自身是否能够"构建网络"跨越"资源缺口"。在多数情况下，在特定的创业机会面前，新企业不可能拥有创业所需的一切资源，但它需要有能力在资源的拥有者与自身之间建立网络，以弥补相应的资源禀赋不足之处。前述的某掌上电脑公司，可能其本身并没有研制开发该类产品的能力，但它有能力组织相应的设计公司和制造商加盟自身的创业活动。如，该公司能够将自己的设计思想按契约方式外包给某家专业设计公司，设计公司为其设计出符合消费者功能要求的产品方案，将订单委托给某些制造企业后，制造企业为其生产产品。可以说，这家公司以掌上电脑业务起步的创业活动，是创业者利用社会网络跨越资源禀赋不足、成功创业的一个典范。将此推而广之，可以看出在市场经济中，创业者只要善于建立网络补足资源缺口，整合利用创业所需资源，就有可能取得创业的成功。

第三，观察是否存在可以开发的新增市场以及可以占有的远景市场。理性地判断某个创业机会是否值得创业者利用，除了要有足够大的原始市场规模外，其市场也应是潜在可创造、可扩展的，拥有良好的成长性，存在远景市场。创业者真正可把握的是"可开发的市场部分"，而不是"顺其自然成长的市场部分"。例如，目前一些创业者热衷于"网络增值服务"的创业活动，其原因是网络增值服务市场是可创造的。只要创业者适时地提供"鼠标加水泥"的增值服务产品，就可能培育起广泛的网络增值服务市场。

第四，观察利用特定机会存在的风险是否是可以承受的。显然，创业者要想利用某个创业机会，他就必须具备利用该机会的风险承受能力，主要包括财务风险、法律风险、技术风险、政策风险、市场风险和宏观环境风险等方面的承受能力。就特定的创业者而言，如果利用特定创业机会的风险是该创业者不可承受的，而创业者硬要知难而进，则在创业之初就可能自取灭亡。

（三）冷静分析

冷静分析是创业机会识别过程中非常重要的一步，它可以帮助创业者全面、客观地评估创业机会的可行性和风险性。在进行冷静分析时，创业者应该考虑以下几方面。

1. 市场需求

分析市场需求的大小、增长趋势和未来发展趋势，了解市场的竞争情况和消费者的购买行为。

2. 产品或服务特点

分析产品或服务的特点，包括创新性、差异性、可替代性等，评估产品或服务存在的优势和劣势。

3. 商业模式

评估商业模式的可行性和可持续性，要考虑到成本、销售渠道、利润率等方面。

4. 人力资源

评估创业团队的能力和经验，确定是否需要招募更多的人才，并考虑到人力资源成本。

5. 资金需求和融资途径

评估资金需求和融资途径，确定资金的来源和用途，并考虑到融资的成本和风险。

通过冷静的分析，创业者可以更清楚地了解创业机会的现实性和可行性，避免盲目冲动和冒险行为；同时也可以制订更合理的创业计划和策略，提高创业成功的可能性。

创业机会的动态性和复杂性使创业者需要时刻关注市场发展趋势，才能及时进行市场分析和调整自身的创业策略，以保持自身的竞争优势。同时，对于创业者而言，市场分析和趋势预测也是不断学习和提升自身经营能力的过程。只有通过长期的市场分析和经验积累，才能逐渐形成自己独特的商业思维和判断力，更好地把握创业机会，获得创业成功。

（四）及时捕捉

1.从市场供求差异中捕捉创业机会

市场供求差异是创业机会识别的一个重要方面。市场供求关系是市场经济的核心概念之一，指商品或服务的供给与需求之间的平衡关系。当供给与需求之间存在差异时，就出现市场供求失衡现象，从而产生新商业机会。

创业者可以从市场供求差异中捕捉创业机会。例如，当某一地区的消费者需求较大，但市场上缺乏供应，就意味着该地区存在供需失衡，在这时候创业者就可以考虑进入这个市场，提供满足消费者需求的产品或服务。另外，当某一市场上已经存在大量供应，但消费者需求仍未得到满足时，也可能存在商业机会。在这种情况下，创业者可以寻找市场空缺，通过提供不同的产品或服务，以此满足消费者的需求。

需要注意的是，市场供求差异是动态的过程，市场情况可能会随时发生变化。因此，创业者需要密切关注市场的变化，不断进行市场调研，以便及时把握商机，调整自己的创业方向和策略来保持自己在市场上的竞争力。

2.从市场的"边边角角"捕捉创业机会

在市场中，有些小众、特殊或被忽视的领域可能会存在着一些被忽视的需求，这些需求可能是由于市场竞争激烈或者传统的行业习惯等原因而未被充分满足。而创业者可以通过挖掘这些"边边角角"的市场领域来捕捉到潜在的创业机会。

例如，一些小众的运动或者爱好领域，可能存在着对特定产品或服务的需求，但市场上却缺乏对应的提供者。此时，创业者可以通过对这些小众市场进行深入调研和分析，了解消费者的需求和痛点，从而开发出符合市场需求的产品或服务。

此外，一些传统行业或领域可能也存在着未被充分满足的需求。例如，在传统的医疗领域中，可能存在着诊疗效率低下、患者就医体验不佳等问题，而这些问题可能可以通过引入先进的技术和管理模式来得到解决。因此，创业者可以通过对这些传统行业的深入了解，以此发现其中存在的痛点和机会，从而提供创新的解决方案。

总之，从市场的"边边角角"捕捉创业机会需要创业者对市场有深入的了解和认知，对市场中存在的需求和痛点保持敏感，寻找市场的空白点并提供符合市场需求的解决问题方案。

3. 从竞争对手的缺陷中捕捉创业机会

创业者可以从竞争对手的缺陷中捕捉创业机会。在市场竞争激烈的情况下，竞争对手可能存在一些缺陷，如，服务不到位、产品质量不高、价格过高等问题。创业者可以通过分析竞争对手的优缺点，找到其缺陷所在，并针对性地提供更好的产品或服务，以此填补市场空缺，满足消费者的需求，从而创造出新的市场。同时，创业者还可以通过竞争对手的失败经验吸取教训，避免犯同样的错误，提高自己的竞争力。

4. 从市场变化的趋势中捕捉创业机会

市场变化的趋势也是创业机会的重要来源。创业者需要关注市场中的各种变化趋势，包括技术趋势、消费者需求变化、政策法规变化，等等。在这些变化中，创业者需要敏锐地捕捉到与自身创业项目相关的信息，同时也需要对这些变化的趋势进行预测和分析，以便更好地适应市场的变化。

例如，随着数字经济的快速发展，许多传统行业都在转型升级，这为创业者带来了大量的机会。创业者可以关注数字化转型的趋势，寻找与之相关的新兴业务领域，例如，数字化营销、在线教育、智能家居等方面，以满足消费者的新需求。

又如，随着全球气候变化问题的加剧，清洁能源和环保产业成为了未来的热点，这也为创业者提供了巨大的机会。创业者可以关注环保产业的趋势，寻找与之相关的商业机会，例如，生态旅游、可再生能源、环保科技等领域。

总之，从市场变化的趋势中捕捉创业机会需要创业者具备敏锐的市场洞察力和对未来的预测能力，同时也需时刻保持对市场变化的关注和跟进。

5. 从行业交界处捕捉创业机会

从行业交界处捕捉创业机会指的是在不同行业或领域交叉处寻找机会。这种方法可以将两个或更多的领域中的创新思想结合起来，创建全新的产品或服务。例如，将科技与教育领域相结合，创造出新的在线学习平台或教育科技产品，或者将健康与科技领域相结合，创造出智能健康管理产品，等等。行业交界处通常是未被开发或被忽视的领域，这也意味着这些领域存在着未被满足的需求和机会。寻找行业交界处的机会需要对不同领域的知识有深刻的理解和洞察力。

第三节　创业机会评价

创业机会评价是指对创业机会进行全面、细致、系统地评估，从市场、技术、竞争、营销、资金等多个方面考虑，以确定创业机会的可行性和价值，进而决定是否进行开发和利用。创业机会评价的目的是为了降低创业风险，避免资源浪费和失败。创业者需要对创业机会进行全面的评估，包括对市场需求、竞争环境、技术可行性、团队能力、资金需求和风险分析等方面进行综合评估，以确定是否值得投入时间、精力和资金来开发和利用这个创业机会。而成功与失败之间，除了存在不可控的运气因素外，显然还存在着一些必然因素，在创业者的创业之初就决定了未来的成败。因此，创业者如果能在创业之前，进行精心的准备与机会的评价，无疑能提高创业的成功率。

一、创业机会评估准则

创业机会评估是指对创业机会进行综合评价和分析，以确定其是否有潜力、可行性和可持续性，以及是否值得投入资源和时间。创业机会的评估一般有以下几条衡量标准，包括产业和市场、资本和获利能力、竞争优势、管理班子等方面。这些可以作为创业者从第三方角度看自己，来进行自我剖析的重要参考。

（一）产业和市场

1. 市场定位

市场定位是指企业为了迎合某一特定市场的需求而进行的一系列策略和活动。市场定位的目的是让企业的产品或服务在某一特定市场上获得更好的销售和竞争优势。市场定位需要深入分析目标市场的需求和竞争格局，确定企业产品或服务的差异化优势和独特卖点，并针对目标市场开展一系列宣传、推广、销售等营销活动，从而达到有效的市场定位和市场份额的提升。

市场定位需要从多个方面进行分析和考虑，包括目标市场、市场需求、竞争格局、产品或服务特点等方面，同时还需要关注市场趋势和发展动向。只有深入了解目标市场的需求和特点，结合企业产品或服务的特点，制定出合理的市场定位策略，并不断优化和调整策略，才能够实现企业在目标市场上的成功定位。

2. 市场结构

市场结构是指某个行业或产品所处的市场中各种参与者之间的关系、权力分配和市场格局等。而市场结构的不同类型对于企业的生存与发展有着不同的影响。

常见的市场结构类型包括：

其一，垄断市场结构。只有一个唯一的卖家，市场上不存在直接的替代品，该卖家能够通过控制供应量和定价来获得超额利润。

其二，寡头市场结构。市场上有少数几个大的供应商占据主导地位，但相对来说，市场上还有其他的小供应商。

其三，竞争市场结构。市场上有大量的供应商和买家，并不存在任何一个供应商可以掌控市场定价或者市场份额。

其四，垄断竞争市场结构。市场上有许多相互之间竞争的供应商，但每个供应商都能够通过差异化产品或者其他手段来建立品牌忠诚度和稳定的市场份额。

其五，混合市场结构。市场上存在着多种不同类型的市场结构，例如，在一个行业中既有垄断企业，又有竞争者。

了解市场结构的类型和特征，可以帮助企业更好地了解自己所处的市场环境，从而选择合适的市场定位和竞争策略，提高企业在市场上的竞争力。

此外，市场结构还影响着新企业的进入难度和竞争策略。在完全竞争市场中，新企业的进入难度较低，但盈利空间较小；而在垄断市场中，新企业的进入难度较大，但其一旦成功进入并获得市场份额，则盈利空间较大。在不同市场结构下，新企业应该采用不同的竞争策略，如，在完全竞争市场中，新企业应该通过不断创新、提高效率等方式获得成本优势，抢占市场份额；而在垄断市场中，新企业应该通过差异化产品、品牌建设等方式获得竞争优势，以此吸引消费者并稳固市场份额。

3. 市场规模

市场规模指的是一个特定市场的总体需求量或总体销售额。创业者需要了解自己的产品或服务在目标市场中的潜在销售额，以便评估市场的大小和潜在利润。这样的估算可以通过市场调研、行业报告、分析竞争对手和历史销售数据等方法来进行实现较为准确的评估。

了解市场规模可以帮助创业者判断自己的创业机会是否值得把握，以及确定最佳的市场进入策略。如果市场规模很小，可能难以获得足够的收入来支持企业的运营，创业者需要谨慎考虑。另一方面，如果市场规模非常大，但同时也有许多竞争对手，创业者可能需要考虑如何在激烈的竞争中脱颖而出，以及如何才能满足市场的具体需求。

总之，对市场规模的准确估计和分析是创业者制订市场战略和业务计划的关键步骤。

4. 市场渗透力

市场渗透力是指企业产品或服务在市场中的普及程度，即占据市场份额的程度。市场渗透力的高低决定了新创企业在市场中的地位，对于创业者来说非常重要。如果市场渗透力低，而新创企业进入市场的难度相对较小，但是市场份额也有限，而且可能存在较多的风险和不确定性；相反，如果市场渗透力高，市场已经被一些大企业垄断，新创企业进入的难度就会相对较大，但是一旦打入市场，市场份额也有望比较快速地增长，同时也需要面临更大的竞争压力和挑战。因此，创业者需要认真分析市场渗透力，选择适合自己的市场，并制定相应的市场进攻策略。

5. 市场占有率

市场占有率是指企业在整个市场中所占的销售额或市场份额。它是评估企业在市场中竞争地位的重要指标之一。在评估创业机会时，市场占有率是一个重要的参考指标。如果市场占有率较高，说明企业在市场中具有一定的优势和竞争力，但如果市场占有率较低，就需要仔细考虑企业是否具备进入市场的条件和能力。

此外，市场占有率还可以分为相对市场占有率和绝对市场占有率。相对市场占有率是指企业在某一细分市场中所占的市场份额，而绝对市场占有率是指企业在整个市场中所占的市场份额。只有创业者需要综合考虑相对市场占有率和绝对市场占有率，才能更好地评估自己的竞争地位和市场机会。

6. 产品的成本结构

产品的成本结构指的是生产一件产品所需的各项成本。这些成本可以分为直接成本和间接成本两类。直接成本是指直接与产品生产有关的成本，如，原材料成本、直接人工成本和生产设备成本等。间接成本则是间接影响产品生产的成本，如，厂房租金、管理人员工资、设备维护费用等费用。

对于创业者来说，了解产品的成本结构非常重要，它直接决定了产品的定价和盈利能力。在制定产品定价策略时，创业者需要全面考虑产品的成本结构，以确保定价不低于成本，同时能够吸引消费者的购买。如果产品的成本结构过高，创业者需要考虑如何优化生产过程，从而降低成本，以提高产品的盈利能力。

（二）资本和获利能力

如果说市场机会评估只是创业机会评估工作的一个方面，并且很多因素难以量化，那么效益评估就是更为全面的价值评估，它需要对未来企业的收益情况有量化的评估，无论对创业者还是投资者是非常有益的参考依据。

1. 毛利

毛利（gross profit）是指销售收入减去产品或服务的直接成本后的剩余部分。简单来说，毛利就是企业在销售商品或服务后，扣除直接成本后所得到的利润。直接成本包括生产或采购成本、劳动力成本、运输成本、原材料成本等成本。

毛利是衡量企业经营效益的重要指标之一，也是企业在投资、融资等决策中的重要考虑因素。一般来说，毛利率越高，企业的盈利能力就越好。但是，毛利率过高也可能意味着企业的价格定位偏高，导致竞争力不足。因此，企业需要根据市场情况和自身实际情况合理制定价格策略，以维持适当的毛利率。

2. 税后利润

税后利润是指企业在扣除各种税费后的净收入。税后利润是企业在完成销售、生产和经营活动后所剩下的可供支配的收益。通常情况下，税后利润是企业是否能够长期持续经营的重要指标之一。

3. 损益平衡所需的时间

损益平衡所需的时间指的是新企业需要多长时间才能达到收支平衡，即公司何时开始盈利。这个时间通常称为"盈亏平衡点"或"盈亏平衡时间"。盈亏平衡时间的长短取决于许多因素，例如，产品成本、市场需求、定价策略、销售量、开支等方面。一般来说，如果新企业在盈亏平衡点前就能实现盈利，那么，这个企业就有可能长期运营下去，而如果需要很长时间才能达到盈亏平衡点，那么企业就需要在这段时间里承受一定的财务压力和风险。

4. 投资回报率

投资回报率（ROI，Return on Investment）是指企业投资获得的收益与投资成本之比，常用于评估投资的效果和可行性。

5. 资本需求量

资本需求量是指创业项目在启动、运营和发展过程中所需要的投入资金总额。这个金额可以根据项目的不同阶段和需要的资金类型而有所不同，通常包括起始资金、运营资金、扩展资金等。创业者需要根据自己的经营计划和市场状况，合理地估算资本需求量，以便确定资金来源和筹资计划。同时，创业者还需要密切关注现金流情况，以确保资金的充足性和合理运用，避免因资金短缺而影响经营和发展。

6. 策略性价值

策略性价值指的是创业机会所带来的战略性价值。也就是说，创业机会是否与企业的长期战略目标相一致，是否能够为企业带来长远的战略优势。创业机会的策略性价值不仅体现在当前市场的需求和供给之间的差距，更体现在长期的市场发展趋势、技术变革和产业格局的变化中。因此，创业者需要考虑创业机会在长远发展中的战略价值和潜在贡献，制定符合企业长期战略规划的创业方案和决策。

7. 退出机制

退出机制是指创业者在将来以把创业企业转让、出售或上市等方式退出的计划和安排。对于投资者来说，退出机制是他们投资决策的关键因素之一，因为一个好的退出机制能够保证他们获得投资回报。在评估创业机会时，创业者需要考虑未来可能的退出方式，比如，是否有潜在的收购者或上市可能性。此外，创业者也应该考虑退出时机，以便在合适的时间点获得最大的回报。常见的退出方式包括出售股份给其他投资者或公司、上市或被收购等方式。

（三）竞争优势

1. 可变成本和固定成本

在成本分析中，可变成本和固定成本是两个重要的概念。

可变成本是指随着产品或服务产量的变化而变化的成本，例如，原材料成本、人工成本和直接销售成本等。当产品或服务产量增加时，可变成本也会相应增加；反之，产量减少时，可变成本也会减少。

固定成本是指在短期内不受产品或服务产量影响的成本，例如，租金、设备维护费用和管理人员薪酬等。无论产品或服务的产量是多少，固定成本都会保持一定的不变。

了解可变成本和固定成本的概念对创业者来说非常重要，因为这有助于他们了解产品或服务的成本结构，作出合理的定价和生产决策，以最大化利润和降低风险。

2. 控制程度

控制程度指企业在制订和实施经营计划时，对成本、销售额、盈利水平等因素的控制程度。通常来说，控制程度越高，则企业在实现经营计划时风险越小，但可能面临较为严格的限制和压力。相反，控制程度越低，企业在实现经营计划时风险较大，但也能获得更多的机会和自由度。在制订经营计划时，企业需要权衡控制程度和风险水平，根据自身的实际情况和市场环境来确定适当的控制程度。

3. 进入障碍

进入障碍是指进入某个市场或行业的难度和限制，通常由市场和竞争条件、政府政策、专利和知识产权、资本需求等因素所决定。对于新进入市场的企业或创业者来说，进入障碍的高低直接影响其是否能够成功地进入市场并取得一定的市场份额。而在市场进入障碍较低的情况下，新进入的企业或创业者很容易进入市场并发展壮大；反之，如果市场进入障碍较高，新进入企业或创业者可能需要花费更多的时间和金钱，才能进入市场并获得一定的市场份额。进入障碍高的市场往往会有较少的新进入者，相对而言，市场竞争会更加激烈，已有企业的市场份额和盈利能力也会更加稳定。

（四）管理班子

管理班子是指一个企业或组织中的高层管理团队，他们通常由 CEO、COO、CFO 等职位的高管组成，他们负责指导和决策企业的战略方向、管理运营等关键业务。其中，管理班子的素质和能力是企业成功的重要因素之一，他们需要具备创新、决策、领导力、沟通、组织协调等多方面的能力和素质，以带领企业能够在市场中取得成功。

在创业机会评估中，评估管理班子的能力和素质也是非常重要的一环。对于初创企业来说，管理班子的能力和素质往往是相对薄弱的，因此需要创业者要具备寻找高质量管理团队的能力，或者提高自身的管理能力和素质。同时，管理班子的多样性也是非常重要的，不同的背景和经验可以带来不同的视角和思维方式，也对于企业的战略制定和业务运营都有帮助。

二、创业机会评价方法

（一）定性评价

定性评价是对创业机会进行非量化的评价，主要是基于主观判断、经验和专业知识等因素，对创业机会进行分析和评估。通常，定性评价会从市场和竞争环境、商业模式、创新程度、管理团队和风险等角度进行分析，以确定创业机会的潜力和可行性。

在定性评价过程中，创业者可以通过自身经验和专业知识，以及市场调研和分析等手段，收集和整理相关信息，从而确定创业机会的优劣势，为制订切实可行的创业计划提供有价值的参考。

虽然定性评价无法量化创业机会的价值和潜力，但对于创业者来说，它仍然是非常重要的。在创业过程中，创业者需要不断地对创业机会进行评估和调整，以应对市场的变化和竞争的压力。定性评价对于创业者及其团队而言，可以提供关键的思考和决策依据。

（二）定量评价

1. 标准打分矩阵

标准打分矩阵是一种评估创业机会的方法，可以将创业机会的不同方面进行量化评估，从而得出总体评价分数。具体来说，标准打分矩阵是一个二维矩阵，一维是不同的评估标准，如市场规模、竞争环境、产品差异化等，另一维则是分数。在评估创业机会时，评估者根据各个标准的重要程度给出相应的权重，再在每个标准下打出相应的分数，最终将各个标准的分数加权求和，得出总体评价分数。标准打分矩阵可以帮助创业者更客观地评估创业机会的优劣，从而有助于作出更明智的决策。

2. 蒂蒙斯法

蒂蒙斯法（Timmons method）是创业学领域的一个常用框架，旨在帮助创业者系统性地分析创业机会，并评估其落实的可行性。该模型由哈佛大学商学院教授杰弗里·蒂蒙斯在20世纪80年代提出，被广泛应用于创业培训和研究中。

蒂蒙斯法将创业机会分为三个要素：创业者、机会和资源。其中，创业者是指创业者个人的品质和能力；机会是指创业者所选择的市场、产品或服务；资源则是指创业者可利用的资源，包括资金、人力资源、技术等方面。

蒂蒙斯法将这三个要素视为相互作用的系统，通过评估它们的互动关系来确定创业机会的可行性。具体而言，该模型评估创业者是否具备创业能力和经验、机会是否有市场需求和潜在竞争对手、资源是否足够支持创业行动。评估结果可以用来确定创业机会的可行性和进一步的行动计划。

3. 普坦辛米特法

普坦辛米特法（Putansymite method），又称多标准决策矩阵（multi-criteria decision matrix），是一种常用于评估多个决策方案的工具。该方法主要包括三个步骤：

其一，确定评价标准：选取一组能够客观衡量决策方案的标准或指标。

其二，设定权重：对每个评价标准进行打分或赋予权重，反映各项标准对决策方案的重要程度。

其三，打分评估：对每个决策方案在每个评价标准上进行打分评估，并计算总分。最终选择总分最高的那个方案。

这种方法适用于评估多种不同的决策方案，可以帮助评估者进行客观、系统的决策。

4. 巴蒂选择因素法

巴蒂选择因素法（Barty's Choice Factors Method）是一种常用的创业机会评估方法，由加拿大企业家巴蒂（Buddy）提出。这种方法适用于初创企业或者初期投资阶段，通过对多个评估因素进行权衡和筛选，以此评估出最有潜力的创业机会。

巴蒂选择因素法的步骤如下：

列出所有可能的评估因素，包括市场规模、市场份额、潜在利润、投资回报率、市场前景、竞争程度、技术难度，等等。

对这些因素进行分类，可以分为市场因素、产品因素、竞争因素、财务因素、创业团队因素，等等。

给每个因素赋予不同的权重和评分，例如，市场规模和市场份额可能会被赋予更高的权重和评分。

将每个因素的权重和评分相乘，得出每个因素的加权得分。

对所有因素的加权得分进行加总，进而得出总分最高的创业机会。

需要注意的是，巴蒂选择因素法并不能完全代替创业者的判断和决策，创业者还需要结合自身的判断和实际情况进行综合考虑。此外，在使用这种方法时，也需要根据不同的情况对因素的权重和评分进行灵活调整，以便能够更准确地评估创业机会的潜力和风险。

第七章 大学生创新创业指导

第一节 创新创业的社会环境

一、大学生创业教育

创业教育被赋予了与学术教育、职业教育同等重要的地位，其根本思想就是要培养创业意识、创业品质、增强创业能力。

大学生创业教育是指高校为大学生提供创业知识、技能和资源，培养创新创业意识和创业能力的一系列教育活动和课程。随着创业浪潮的兴起，越来越多的大学生希望能够成为创业者，因此，大学生创业教育已经成为高等教育中的一项重要内容。

大学生创业教育通常包括以下方面：

创业课程：针对创业者所需的知识、技能和经验进行系统化的教学和培训，如，创业计划书撰写、市场调研、商业模式设计、团队管理等方面。

创业实践：提供实践机会和资源，如，创业比赛、创业训练营、创业实验室等，让学生能够在实践中学习和应用创业知识和技能。

创业资源支持：提供资金、人力、技术和信息等资源，以帮助学生创业项目的落地和发展。

创业生态建设：营造创业文化，建立创业孵化器、创业基地等创业生态环境，进而促进大学生创业的发展。

大学生创业教育的目的是培养创业者的创新意识、创新能力和创业精神，帮助他们更好地应对未来的挑战和机遇。同时，大学生创业教育也为社会经济的发展提供了更多的创新和创业人才。

二、大学生创业方向

（一）高科技领域

高科技领域是指在科学研究和技术发展中，运用了较为先进的科技手段，其涉及的技术含量比较高、创新成果比较显著、产业前景较好的领域。通常包括信息技术、生物技术、新材料技术、新能源技术、先进制造技术等领域。在这些领域，创新和技术研发是企业成功的关键。同时，这些领域也是未来经济发展的重要方向，具有较高的社会和经济效益。吸引创业者在高科技领域创业，也成为政府和投资者的重点关注领域之一。

（二）智力服务领域

智力服务领域是指提供高度专业化、知识密集型的服务，通常需要具备较高的智力水平和专业技能，提供包括咨询、设计、法律、会计、翻译、广告等服务。随着信息技术的不断发展和应用，智力服务领域的创业机会越来越多，创业者可以通过利用互联网平台、大数据、人工智能等技术手段，提供更加智能化、高效化的服务。在这个领域创业需要具备扎实的专业知识、丰富的经验和良好的口碑，同时需要与时俱进地跟随技术的发展和市场的变化，以不断创新和提升服务的品质和水平。

（三）连锁加盟领域

连锁加盟领域指的是品牌企业通过授权加盟的方式，让其他企业或个人使用其品牌、产品、技术、管理等资源，共同发展壮大的商业模式。在这种商业模式中，加盟者作为品牌企业的"合伙人"，可以享受到品牌影响力、统一的管理、物流、供应链等优势，降低了经营风险，提高了经营成功率。

连锁加盟领域包含了各种不同的行业和领域，如，快餐连锁、咖啡连锁、零售连锁、教育培训连锁、美容连锁等。在这些领域中，品牌企业通常会提供加盟者所需的一系列支持和服务，包括开店选址、装修设计、员工培训、产品供应等方面。而加盟者则需要遵守品牌企业的经营规范、管理制度、市场策略等要求，才能共同推动品牌的发展。

（四）开店

开店也是一种创业方式，主要涉及开办实体店面或线上电商店铺等。开店的创业方式具有一定的灵活性，可以根据自身的兴趣爱好和经验背景选择不同的产品或服务行业进行经营，同时也需要考虑市场的需求和竞争情况，进行市场分析和定位。

在开店的过程中，需要考虑到多方面的因素，包括选址、装修、物料采购、销售策略、客户服务等方面。同时，还需要具备一定的管理能力和财务能力，确保店铺的运营和利润。

而开店创业相对其他创业方式，需要投入较大的资金和精力，同时也面临着市场竞争的挑战。因此，在决定开店创业之前，需要充分评估自身的实力和市场前景，制订详细的商业计划，从而尽可能地减少风险，提高成功的概率。

第二节 大学生创新创业准备

一、大学生创业的准备

（一）思想准备

1. 创业意识

创业意识的培养是大学生今后取得创业成功的前提，想创业才会选择创业，进而取得创业成功。创业意识是激发人们进行创业活动的诉求，是创业者从事创业活动的内在动力。

要认识到为什么自己会选择自主创业，这是启发创业意识的根本所在。从大学生的就业途径来分析，主要分为：直接应聘企业、考取公务员或进入事业单位、继续深造（专升本、考研、留学）、参加国家就业项目（西部志愿者计划、"三支一扶"、村官计划等）、自主创业等途径。而在以上众多就业途径中，选择直接就业较为普遍。由于高校的不断扩招，导致企业与应届毕业生的供需比例不对称，人多岗少的矛盾现象突出，导致就业竞争压力增大，收入也显得不是很理想。考取公务员及事业单位的就业途径虽然是当前竞争最为激烈的一种就业方式，很大一部分的毕业生选择公招，但是随着公招面向基层经历的人员的倾斜，作为社会经验匮乏的应届大学毕业生将逐步被拒之门外。即使选择继续深造学习，虽然在近期减轻了自己的就业压力，但是缓冲并不能解决今后仍然需要面对就业竞争压力的社会现状。而随着国家就业项目政策的不断健全和完善，对大学生今后的安置与奖励政策的出台，这些项目由原来的被动参与，到现在的主动参与，甚至形成类似于公招的竞争出现后，这类项目也不是随便可以参加的。在以上的就业途径中，只有自主创业这条路显得很灵活，虽然创业带有一定的条件性和风险性，但是创业成功与否都体现了跨入社会、自食其力的成功表现，而选择自主创业或许能为自己今后的就业铺就一条成功的道路。创业不是每个人生来具有的能力和素质，创业更多地需要后天的培养和积累。进入大学校园后，如果有创业的想法，大学生首先应树立自我创业意识，无论在学习、生活上都应向着创业这方面努力和准备，一旦毕业，就可以把自己的创业想法付诸行动。

2. 创业动机

大学生是主动创业好还是被动创业好，是间接创业好还是直接就业好，这就要看大学生是否具有创业所需要的各项条件，需要我们认真分析才能得出结论。

创业的动力来自于创业者对自我价值的实现要求。马斯洛的"需要层次论"是心理学中一个非常重要的理论，指出人类需要具有逐渐上升的层次，分别是生理需求、安全需求、社交需求、尊重需求和自我实现需求。而自我实现需求是最高级别的需求，也是一个人追求创业梦想的重要动力。

创业者的自我实现需求可以是希望在事业上取得更大的成功，实现个人的创业理想和追求，获得更高的成就感和满足感等。因此，对于那些有自我实现需求的人来说，创业可以成为他们实现自我价值和理想的最佳途径。他们会投入更多的精力、时间和资源来创业，并不断学习、成长和创新，以实现自己的创业目标。

当然，创业者也需要注意平衡自身的需求，尤其在创业的过程中，需要注意身体健康、家庭和社交关系等方面的需求，避免因追求自我实现而牺牲其他方面的需求。

因此，创业者通过创业来实现自己的人生价值是一种最高境界。

当前，大学生创业动机具有显著特点。调查显示，文理科、独生子女与非独生子女创业动机没有显著差异，而男大学生创业动机远高于女大学生，农村大学生远高于城镇大学生，财经类专业大学生远高于其他专业大学生，前者创业意识较强，他们不想再依赖家长、学校，而是主动出击，寻找机遇，伺机创业。

（二）心理准备

随着市场经济竞争的加剧，对于刚刚步入社会就选择创业这条道路的大学生而言莫不是更大的挑战，创业投资不比校园生活，社会商海的残酷要比校园的磕磕绊绊更为棘手。一个勇于创业的人，必定也是一个有着较强心理素质的人。大学生生活在校园环境中，每天不用面对复杂的问题、承受过大的心理压力，因此要适时地将宽松的氛围当成增强心理素质的最好平台。只要我们细心对待大学的每一件事和每一个人，勇于面对问题和挑战，我们的心理素质就会不断提高，为今后的创业做好铺垫。成功的创业者一般需要具备以下心理素质：自信稳重、决策果断、勇于冒险和责任意识。

1.自信稳重

细心是成功的基石。做任何事情，只要自己下定了决心就一定要持之以恒，坚持到底，要形成一种"知其不为而为之"的自信和态度。大学生在低年级时段可能不会接触过多的创业行为，但在平时校园学习和生活中，做任何事都应具有较强的自信心和稳重得体的处事风格，这将直接影响到其创业基本素质的形成。

如何能够让自己每天充满自信呢？建议大学生从以下几点进行锻炼。一是关注自己的优点和取得的成绩，不要总认为自己不如他人，要正确客观地评价自己和他人，要明白"人无完人，金无足赤"，而每个人都有自己的长处和短处。二是在平时的学习和生活中，多与成功的人和自信的人接触，特别是经常和自己的辅导员、专业老师或学校一些学生会干部接触和学习，你会发现和他们接触时间长了，自己也会朝着他们的方向去努力地模仿。三是要经常做自我心理暗示，对自己进行正面心理强化。敢于在学校公开场合演讲，比如，多参加班上的讨论，多参加学校举办的演讲活动等场合。四是重视平时穿着打扮和自我形象。虽然说人不可貌相，但形象的塑造会在一定程度上影响一个人的自信心。五是要学会微笑和感恩。一个经常对任何人都保持微笑的人，表明他心胸宽广，为人处世大方，这是一种自信的表现。六是借助大学的图书馆，借阅一些名人传记，特别是一些成功企业家的创业故事，你就会发现其实别人做过的事即将成为你未来要做的。

2.决策果断

有一则寓言：父亲、儿子和一头驴，当父亲在前面牵着驴走路，儿子骑着驴时，人们说儿子不像话，让自己的老父亲走路，儿子没有孝心；儿子让父亲骑驴，自己牵驴走路，人们又嘲笑父亲没有父爱，让这么小的孩子走路；最后索性父子俩都不骑驴，抬着驴子走路，最后人们还是嘲笑这父子俩，自己走路，空着驴子不骑。从以上寓言中，不难看出一个道理，那就是决策不果断可能会导致自乱方向，不知所措。决策能力是一个企业是否持续发展的最关键一步，也是一个人是否成功的关键，决策是一刹那的成功与失败。如果想成为一个成功的创业者，必须时刻注意培养自己的决策能力。

大学期间，在处理一些同学之间的事情上不要斤斤计较，在处理学习和生活上的问题时应从容果断。特别是在选择今后的职业时，自己要做一个果断的决策，如果选择了继续深造学习的道路，那就应该放下一切，努力学习备考；如果今后直接应聘就业，就应积极准备应聘材料；如果选择创业之路，就更应尽早做好创业前的准备工作。学习期间，看似一些琐事的决策或许会成为以后创业中的决策基础。因此，日常要敢于承诺，一旦承诺了的事情应该尽最大努力办到。大学期间是否养成良好的决策能力，从一定层面来讲，可以作为创业者在以后的创业中能否具有领导力的重要衡量标准。

3. 敢于冒险

我们没做一件事情，都不能完全准确地预测我们是成功还是失败。成功与失败都不是单纯因为某一个因素导致的，而它是多种因素共同影响而发生的。创业本身具有很大的风险性，我们经常说创业也是一种风险投资行为。

作为大学生选择创业，由于缺乏一定的社会经验和阅历，缺乏雄厚的经济基础，难免在创业的道路上出现一些磕磕绊绊。有的企业可能因为那么一次风险的发生，就导致全盘皆输。大学生创业虽然有机会实现自我实现的需要，但也要有勇气面对风险和挑战。创业不是一条平坦的道路，会有各种困难和挑战，需要创业者有勇气和决心去面对和解决。同时，创业者也需要不断学习、提高自己的能力和技能，以应对不断变化的市场和竞争环境。市场有风险，但是市场不会主动告诉我们风险在哪里。在校学习期间，可以利用业余时间多参加户外的拓展训练活动，增强自己的冒险精神和勇于面对困难和挑战的意志。平时积极参与班级的日常管理，特别是一些不好处理的事情，自己可以主动请求给老师和班委做参谋，出谋划策，使自己成为一个敢于主动承担、解决问题的人。

作为一名创业者，如果没有坚强的心理品质和风险意识，创业的路不会走得太远，我们只有时刻记住提醒自己，如果失败了，只不过是"从头再来"。

4.责任意识

很多知名企业都会把"责任"二字作为自己的企业文化核心价值，因为一个没有责任感的企业就无法做到为社会服务，就会形成牺牲社会利益来实现企业效益最大化的问题。一个企业的责任感来自于企业的领导者、创业者。而一个有使命感和责任感的创业者，一定可以使自己的企业越办越大，并受到社会和人民的欢迎和支持。

大学期间，通常的理解，责任就是认真学好自己的专业知识，毕业后报答父母和社会。但责任二字要真正做到承担，做到心中无愧却很难。随着现代家庭独生子女的增多，一些大学生已经把高校当成自己的"疗养所""约会的公园""消费商场"。如果对自己的父母辛苦供自己读书都没有一种报答的责任感，那么就很难对今后的创业会有责任感。因此，从进入大学起，就应该从以下方面培养自己的责任意识：学习的责任意识、报答父母的责任意识、爱学校的责任意识、尊重师长的责任意识、团结同学的责任意识。有责任感既是当代大学生应该树立的一面旗帜，也是使有创业想法的大学生能够今后成为一名具有社会责任感的企业家的行为准则。

（三）知识准备

随着高校就业建立以"市场为导向"的机制后，高校在开设专业和人才培养计划方面陆续开始进行改革。如今，高校就业难除了与扩招有一定关系外，更重要的是，我们的人才培养模式和就业指导水平存在一定的欠缺。有的岗位应聘的人员稀少，有的岗位却人满为患，出现一种学校的人才培养与企业和社会对人才的需求脱钩的现象。为应对这种"不对称"的人才培养模式，各高校已开始着手推进就业教学改革，提倡将学生往各专业复合型人才方向培养，突出专业办学特色。大学生如果打算今后自主创业，那么专业知识的复合使用就显得尤为重要。

创业不是简单的自己去给别人打工，而是自己要领导一些人为自己打工。这就要求这个创业者自己要懂得企业方方面面的管理知识。从创业企业的前期市场调研和原材料采购，到中期的生产管理，再到后期的产品销售和售后服务等环节，都要求创业者把握和了解企业经营循环过程中的各环节管理知识。这就对高校有创业想法的大学生朋友在日常校园的学习过程中，提出了更高的专业知识要求。即便不能做到学习得面面俱到，也要做到"博览群书"。在平时的学习过程中，既要学好自己的专业知识，同时还要利用业余时间多了解一些企业管理方面的知识，多参加一些有关创业方面的培训班学习，多阅读一些成功企业的管理模式，多利用假期参加一些企业的社会实践活动。而大学期间要提前储备的创业知识有管理知识、营销知识和财务知识。

1. 管理知识

企业要想建立现代企业制度，必须形成一种管理机制，要使其在一个管理系统中进行运转。企业管理体系的建立，可以让企业高效率运转，从而更好地为顾客服务。管理知识的学习可以从战略、领导力、市场营销、人力资源、创新等方面去学习，并要把学习的知识不断运用到企业的实践中去。一个管理有序的企业应该先保证企业"做正确的事"，然后是努力地"把事做正确"。创业阶段可能需要靠创业者的眼光和勇气来排除万难，以积极投身于创业，而一旦企业进入了正式的营业状态和成长期后，就需要管理者具有一定的管理能力，而这种管理能力来源于创业者的知识储备。很多企业昙花一现，究其原因基本都在管理方面出了问题。

作为在校大学生，除了学习本专业知识以外，应该多学习一下"管理学"这门课程知识，即使以后不创业，管理也是和我们日常生活密切相关的。学生群体中，小到班级的集体管理，大到学生会或一个系科的管理，这都需要一种管理方式和方法。我们不妨在进入大学后，积极竞选班委会，参加各类学生会和社团组织，有机会可以到辅导员办公室从事学生助理工作，这些活动都可以让自己得到锻炼，进而明白各个组织、不同层面上的管理知识。

2. 营销知识

市场营销的最终目的是说服自己的顾客，进而创造购买需求。不能满足顾客需求的企业就不能促成交换，企业将无法循环经营和运转。营销知识是今后创业过程中经常要用到的知识之一，需要在创业前认真去学习和运用。

在校大学生可能在日常的学习过程中不会过多地接触营销知识，但是我们可通过以下方式进行学习。第一，多去图书馆阅读有关营销案例知识的书籍，这些成功企业的营销案例具有很强的实际应用性；第二，可以选择性地去听一些管理专业的营销课程，大学的教室是开放式的，而不存在班级与班级的壁垒，有心的学生可能会发现，只要你精力充沛，除了学好自己的专业知识以外，还可以利用业余时间到其他专业班级进行听课；第三，多参加校内外的促销活动，虽然促销不过是营销的一个方面，但是促销活动可以让自己明白谁是自己的顾客，顾客需要什么，怎样满足顾客的要求，这些就是在培养自己以顾客为中心的营销意识；第四，利用寒暑假到一些企业从事兼职营销工作，积极参与企业市场调研、产品渠道开发、公关促销、售后服务等一系列活动。通过这些，让自己在创业前不断积累营销知识。

3. 财务知识

创业需要创业者具备一定的财务管理知识，如，启动资金需求的预算、成本与利润计划、现金流量计划等。作为一个正规的企业必须要让"财务报表说话"。不少准备创业的在校大学生比较缺乏财务管理知识，导致的结果是启动资金预算不准确，成本核算不全面，企业账目混乱。如果一个企业的账务不清晰，一旦现金流出现短缺，企业一夜之间就可能关门停业。

因此，我们必须要预先了解和学习一些基本的财务知识，建议大学生多参加一下相关财务管理知识培训，如，财政部搞的会计从业职业资格培训、人力资源和社会保障局搞的理财规划师培训。这些都是现在高校学生培训中比较热门的财务知识培训，同时也是获得今后从事财务管理岗位的职业资格准入证书的途径。当然，现在一些社会培训机构也有手工做账方面的培训，在校大学生也可以学习一下。除了了解专业的财务知识以外，应该给自己的几年大学生活算上一笔账，给自己准备一个财务账单，先从自己日常的学习、生活开支花费着手进行财务预算和财务记账。

（四）能力准备

能力是指人们顺利完成某件事所具有的资源整合体。企业经营管理能力属于专业能力，需要日常进行不断地学习和积累，大学生如想在创业方面取得一定的成功，至少需要具备以下五大专业能力：开拓能力、学习能力、领导能力、协作能力和创新能力。

1. 开拓能力

开拓能力指的是一个人拓展思路、开拓眼界、寻找新的机会和解决问题的能力。在创业过程中，开拓能力尤为重要，因为创业者需要不断地寻找新的机会、拓展市场、探索新的商业模式，以此应对竞争和变化。

开拓能力的培养可以通过多方面的途径实现，例如：

多读书，不断学习新知识，开拓视野和思路。

参加各种活动和社交场合，不断扩大社交圈子，增加自己的人脉资源。

多尝试不同的事情，包括旅行、体验、尝试新的产品和服务等，以增加自己的经验和见识。

关注行业和市场的变化，积极了解新的商业模式和趋势，从中寻找新的商机。

学会倾听和接受不同的意见和建议，以拓展自己的思路和视野。

培养创新思维，思考不同的解决方案和创新模式，以应对变化和挑战。

总之，开拓能力是创业者必备的重要素质，需要通过不断地学习和实践来培养和提高。

2. 学习能力

"学习型"人才是当今社会的主流群体，随着社会的进步，知识更新速度在不断加快。在一个快速变化的社会中，不断学习和适应新的知识和技能是至关重要的，特别是在创业中。创业者需要不断学习市场动态、技术创新、商业模式等方面的知识，以及提高自身的管理、沟通、领导和创新能力，才能更好地应对不断变化的环境和挑战。同时，不断学习可以帮助创业者寻找新的商业机会和发现新的解决方案，从而为创业成功奠定基础。学习并不是死读书，而是要跟得上时代的潮流，跟得上经济发展变化。既要见贤思齐，又要注重吸取经验教训。

在学校学习期间，要勤于思考问题，勤于动手操作，要时刻关注国家有关创业扶持政策，特别是关注学校就业指导部门对大学生创业给予的政策解读，及早为今后的创业积累政策的参考依据。

3. 领导能力

创业者作为事业起步的"领头羊"，要具备一定的领导才能和人格魅力。一个出色的企业创业团队的产生是因为有一位出色的领导者。创业者本身就具有一种感召力、组织力和吸引力，可以通过这几种力量的融合，能够使自己的队伍努力为企业奋斗与付出。

领导力来源于六个方面：行业知识、人际关系、信誉、技能、价值观和进取精神。在校大学生应该注重对大学学习生活的认识，大学不等同于中学，界定一个学生是否优秀不止单一地看学习成绩或分数，而更加强调学生的综合素质能力，一个优秀的大学毕业生是学习和社会实践两个方面的优秀组合体。除了平时认真学好专业知识以外，还应该参加学校组织的社会实践活动，如，学生会组织、社团组织、大型比赛活动、班委会组织等，这些都可以锻炼自己的领导能力。

4.协作能力

创业是件富有挑战性和压力性的工作，仅靠一个人单枪匹马很难，需要有一个出色的团队来支撑。

组建团队是非常重要的。一个有默契、有担当、能够相互配合、分工明确的团队，可以共同承担风险、协同创新，进而增加创业的成功概率。在组建团队时，需要注意团队成员的能力结构、兴趣爱好、个性特点等方面的匹配，从而实现团队合作的最大化。此外，要建立良好的沟通机制，充分发扬民主和集体智慧，形成更为稳定、和谐的创业氛围。让团队的每个人优势互补，从而形成创业的最大合力。作为创业者如何使团队协调合作，主要是看自己的人脉关系。因为人脉关系的好与坏关系到团队能否顺利组建和团结一致。这就需要我们在日常的"情感账户"存入"感恩"，只有这样，真正当自己需要帮助的时候，我们才会受到最大的效益。"团结出战斗力""团结就是力量"，协作能力是每个创业者应该具备的能力之一。

5.创新能力

创新是创业成功的重要因素之一。创新可以帮助企业不断推陈出新，不断满足市场需求，提高企业的竞争力。同时，创新也可以让企业拥有更高的附加值，提高产品或服务的质量和性能，增加一定的利润空间。一个具有创新性的企业也是有着旺盛生命力的企业，如果一个企业在日益复杂、变幻莫测的市场经济条件下，不思进取，不求同存异，不努力创新，迟早会被市场淘汰。大学生创业，应该选择一些符合市场潮流、标新立异的创业项目，而在创业管理模式和产品品牌策划方面也应该有较强的"差异化"竞争策略，既不能脱离现实，过于空洞，也不能照搬俗套，步人后尘。要走出一条具有当代大学生自主创业特色的发展之路。

（五）资金准备

1. 自筹资金

创业之初需要做好企业的启动资金预测和准备工作，而启动资金主要由固定资产和流动资金组成。如果自有资金足够的话，那就好办。一般情况下，大学生在创业之初，没有多余的资金，这时可以选择寻求家长、亲戚、朋友和同学的帮助。把自己的创业想法告诉你周围的人，试图得到他们的理解和支持。刚走出校门的应届大学毕业生没有资金，也可以先找份工作进行创业前的原始资本积累，积极学习企业经营管理经验，缓冲一定时期，待资金充足后，再选择自主创业。

2. 政策扶持

关注国家或地方政府对当代大学生自主创业的一些帮扶政策，有效解决了大学生创办微型企业的注册资本金和经营资金。其中，重点扶持文化创意类和信息技术类人员，会向项目发展前景好、知识水平高的企业倾斜。国家和地方每年都会针对大学生创业或创业问题出台一系列政策文件，只要我们密切关注、正确把握和利用，就可以使我们更加明确创业方向，让自己在创业的道路上走得更稳。

3. 金融借贷

创业过程中，遇到资金紧张问题时难免会和金融机构打交道，这是企业发展过程中常有的事。金融机构其实十分乐意将自己的钱贷给有良好信誉和有能力偿还贷款的企业。如果要获得金融机构的贷款，需要我们准备完备的《投资创业计划书》，要让金融机构看到企业的项目发展前景和盈利点，对于一个有发展潜力和利润丰厚的企业，金融机构也是很乐意与之合作的。作为大学生，要想从金融机构进行借贷，要做好以下几方面准备：一是要有项目可行性方案和投资创业计划书；二是要有贷款担保人或抵押物；三是要有良好的信誉记录和偿还能力。当前，国家针对应届大中专毕业生有一系列的配套小额贷款政策，创业者应准确的理解并加以利用。

二、大学生创业的风险

大学生创业者在创业前应该做好充分的市场调查和风险评估，明确市场竞争情况和自身能力的优劣，从而制订合理的创业计划和风险应对措施。同时，需要注重风险管理，及时发现和解决问题，避免因小失大。对于不可控的风险，需要提前做好准备，建立危机管理机制，降低风险对企业的影响。

大学生创业的风险主要有以下几方面。

（一）项目选择

在选择创业项目时，大学生创业者一定要做好前期市场调研和论证工作，尤其要重视风险评估和财务分析。如果没有足够的知识和经验，可以考虑寻求专业机构或人士的帮助和指导。此外，大学生创业者还可以寻找合适的合伙人或团队，共同承担风险和分享资源，降低创业风险。总之，选择创业项目时必须谨慎，切记不可盲目行动。

（二）缺乏创业技能

大学生缺乏创业技能是一个常见的问题。大学生在学校中主要接受的是理论知识和学术思维的训练，对于如何开展实际的商业活动可能会缺乏经验和技能。因此，大学生在创业之前可以通过课程学习、实践经验积累、实习等方式提升自己的创业技能。同时，可以寻求创业导师或行业专家的指导，了解创业中需要掌握的技能和知识，并加以学习和应用。通过不断地学习和实践，大学生可以逐渐掌握创业所需的技能，并提高自己的创业能力。

（三）资金风险

资金风险是指创业者在创业过程中，由于资金不足或使用不当，导致无法按计划完成创业项目，从而带来的风险。大学生创业者由于缺乏经验和资金，资金风险是一个非常现实的问题。在创业之前，必须对所需资金进行全面、详细的预算，并且预留足够的应急资金。此外，创业者还可以寻找风险投资、拟订融资计划、探索新的融资渠道等方式来解决资金问题。同时，也需要谨慎考虑借款、担保等方式，以免陷入更深的债务陷阱。

（四）社会资源贫乏

社会资源贫乏可能是大学生创业者面临的一个风险。大学生缺乏工作经验和人脉关系，可能无法轻易地获得所需的资源和支持，如，资金、技术、市场渠道等。因此，创业者需要积极寻找和建立合作伙伴关系，如与行业协会、专业组织、政府机构、企业合作等，以获得必要的资源和支持。此外，大学生还可以参加各种创业比赛、活动和培训，从而拓展人脉关系，提升自己的创业技能和知识水平。

（五）管理风险

管理风险是指创业者在管理企业过程中可能面临的各种风险，如，管理能力不足、团队建设不当、资源调配不当等风险。对于大学生创业者来说，这些风险尤其需要注意。由于缺乏管理经验和资源，大学生创业者可能会遇到管理上的各种问题，如，人员管理、流程管理、财务管理等，这些问题都可能会对企业的发展带来不良影响。

要规避管理风险，要求创业者需要在创业前就认真考虑和策划企业管理模式、组织架构和流程，制定出合理的管理制度和控制流程。同时，要注重团队建设，选用合适的人才并进行有效的管理培训，建立良好的企业文化和团队合作氛围。还需要不断学习和提升自己的管理能力，以了解最新的管理理念和方法，及时调整企业管理策略。

（六）竞争风险

竞争风险是指在市场上遭遇竞争对手，导致自身企业的销售额、市场份额等指标下降的风险。在竞争激烈的行业或市场中，创业者要时刻关注竞争对手的动态，了解其产品、服务、市场策略等，制定出更具有竞争力的方案。同时，创业者还要加强自身的核心竞争力，提高产品质量、服务水平、品牌影响力等，从而才能在竞争中立于不败之地。

（七）团队分歧

队分歧是指在团队合作中，成员之间在意见、决策、行动等方面存在不同的看法和立场，导致团队内部出现分裂和摩擦的问题。在创业过程中，团队分歧可能会导致项目进展缓慢、资源浪费、目标不清晰等问题。

团队分歧的原因可能有很多，比如，价值观差异、目标不统一、沟通不畅、利益冲突等。为了避免团队分歧的出现，创业者可以在组建团队时，注重成员的招募和选拔，尽量选择有共同目标和价值观的人，建立积极、健康的团队文化。同时，要注意进行及时沟通、解决冲突，保持团队合作的默契和协作精神。

（八）核心竞争力缺乏的风险

缺乏核心竞争力是创业项目失败的一个主要原因。大学生创业者应该了解自己的产品或服务的优势和独特之处，不断努力提高自己的核心竞争力。如果没有独特的价值主张或无法提供有竞争力的产品或服务，企业就会失去市场,难以生存。因此,大学生创业者在创业前要仔细评估自己的核心竞争力,寻找突破口,同时还要关注竞争对手的动向,以及时调整自己的策略。

（九）人力资源流失风险

人力资源流失风险是指创业团队中有关键人物离开,导致企业核心竞争力受到影响的风险。在创业初期,创业团队的每一个成员都非常重要,特别是创始人、技术专家、市场推广等关键岗位的人才。如果这些人才离开了企业,企业的核心技术、核心竞争力、市场渠道等方面都会受到很大影响,严重的话甚至可能导致企业的倒闭。

为了降低人力资源流失风险,创业者需要建立合理的薪酬制度、完善的员工福利体系、良好的工作环境和企业文化,让员工感受到企业的价值和使命,增强员工的归属感和忠诚度。同时,创业者还需要及时发现和了解员工的问题和需求,积极给予支持和帮助,保持与员工的良好沟通和关系,减少人力资源流失的风险。

（十）意识上的风险

意识上的风险是指创业者在创业过程中缺乏正确的认识和意识,而导致错误决策和失误的可能性。这种风险可能会包括对市场、竞争对手、产品定位、营销策略等方面的错误认知或缺乏足够的了解。例如,创业者可能会过于自信或乐观,认为自己的产品或服务能够迅速打开市场,忽略了市场的实际需求和竞争对手的影响;或者过于保守,不愿尝试新的营销方式和策略,导致市场份额在逐渐流失。因此,创业者需要不断地学习、改进和调整,以避免意识上的风险。

第三节　创新创业指导与政策

一、大学生创业政策

大学生创业政策是指国家或地方政府针对大学生创业提供的各种扶持政策和措施。在我国,大学生创业政策得到了各方越来越多的关注和支持。

（一）税收、贷款优惠政策

大学生创业政策方面,一些国家和地区都有相应的税收和贷款优惠政策,以鼓励大学生创业。以下是一些常见的政策:

税收优惠政策：一些国家和地区对创业企业实行税收减免政策，如免除增值税、企业所得税等。此外，一些国家还会为创业企业提供税收优惠，如税收减免、税收退还等优惠。

利息贴息政策：一些国家和地区为鼓励大学生创业提供贷款利息贴息政策，以降低创业成本，以帮助创业者更好地开展业务。

创业培训政策：一些国家和地区为大学生提供创业培训，帮助他们更好地了解创业知识、市场情况等，提高创业成功率。

政府支持：一些国家和地区为创业企业提供政府支持，如提供创业场所、提供研发资金、支持创业团队等支持。

需要注意的是，不同国家和地区的政策会有所不同，大学生创业者应该了解当地的政策，以便更好地利用政策，促进创业发展。

（二）可享受的补贴

大学生创业可享受的补贴包括：

创业担保贷款补贴：对于获得创业担保贷款的大学生创业者，可根据贷款金额的不同获得一定比例的贴息或贷款利率的减免。

创业培训补贴：大学生创业者在参加相关创业培训时，也可获得部分培训费用的报销。

租金补贴：对于租用政府扶持的创业园区、孵化基地等场所创业的大学生创业者，又可获得一定比例的租金补贴。

创业项目启动经费补贴：对于符合条件的大学生创业项目，政府会根据其创业计划和市场前景等情况分析，给予一定金额的启动经费补贴。

资金贴息或减免：对于符合条件的大学生创业者或创业项目，政府可提供一定比例的资金贴息或减免。

税收减免或免除：对于符合条件的大学生创业者或创业项目，政府可提供一定比例的税收减免或免除，包括所得税、增值税等。

以上补贴政策具体实施要求和标准可能因地区和政策变化而有所不同，请创业者根据实际情况进行查询和申请。

（三）开设教育课程，强化创业实践

自主创业大学生可享受各高校挖掘和充实的各类专业课程和创新创业教育资源以及面向全体学生开发开设的研究方法、学科前沿、创业基础、就业创业指导等方面的必修课和选修课，享受各地区、各高校资源共享的慕课、视频公开课等在线开放课程和在线开放课程学习认证和学分认定制度。自主创业大学生可共享学校面向全体学生开放的大学科技园、创业园、创业孵化基地、教育部工程研究中心、各类实验室、教学仪器设备等一些科技创新资源和实验教学平台。

（四）政府人事行政部门服务

政府人事行政部门可提供以下服务来支持大学生创业：

提供有关创业政策的咨询和解释，来帮助大学生创业者了解创业相关政策和规定。

提供人才招聘服务，支持创业者招聘人才，为其提供一些推荐和引荐的机会。

提供人才培训服务，帮助创业者提高管理和营销等方面的技能。

提供创业孵化服务，为创业者提供场地、办公设施、资源共享等方面的支持。

提供创业资金支持，为创业者提供一定的资金补助或贷款担保等支持。

提供创业项目评估服务，为创业者提供一些专业的意见和建议，帮助其优化创业项目。

提供创业交流平台，为创业者提供一个相互交流、学习、合作的平台，以促进他们之间的合作和交流。

（五）其他补贴政策

除了税收、贷款和人才服务等方面的政策外，还有一些其他形式的补贴政策可以帮助大学生创业，例如：

租金减免：部分城市对大学生创业者提供租金减免政策，降低其创业成本。

奖励资金：一些政府部门或企业会对大学生创业者的创业项目给予奖励资金，用于支持项目的研发和推广。

活动经费：政府或企业会举办一些创业大赛或创业培训活动，为参与者提供一定的活动经费。

优先采购：政府或企业在采购产品或服务时，优先考虑给予大学生创业者或创业企业采购订单，支持其发展。

其他扶持措施：例如，提供办公场所、设备、技术支持等。

这些补贴政策的具体内容和申请条件会根据不同地区和政策而有所差异，大学生创业者可以关注当地政府或创业服务机构的政策动态，以便能够及时了解和申请相关政策。

二、大学生创业计划书

（一）创业计划书

创业计划书是一份详细阐述创业计划、商业模式和运营策略的文档。创业计划书是创业者向投资人或银行申请贷款的重要依据，同时也是创业者自身思考和规划的一个重要工具。

1.市场

创业计划书的市场部分是非常重要的，因为它可以帮助创业者了解市场情况，分析市场趋势，评估市场机会，以便确定目标市场和营销策略。以下是市场部分需要包含的内容：

市场分析：分析所在行业的市场规模、增长趋势、市场结构、竞争情况、消费者需求等信息，以便判断市场是否具有潜力。

目标市场：明确目标市场的定位、特征、规模、需求、购买习惯等信息，以便制定有效的营销策略。

竞争分析：分析竞争对手的产品、价格、市场份额、营销策略等信息，以便制定有效的竞争策略。

营销策略：制定营销策略，包括产品定位、价格策略、渠道选择、促销策略等策略。

销售预测：根据市场调研和分析结果，预测销售额和市场份额。

总之，市场部分应该能够向投资者证明创业者对市场的深入了解和准确分析，并表明创业者自己制定了切实可行的市场营销策略。

2.产品

创业计划书中的产品部分主要介绍创业者要开发的产品或服务的相关信息，包括产品或服务的特点、优势、目标市场等。以下是一些具体的内容：

产品或服务的特点：介绍产品或服务的基本特点，例如，品质、款式、功能、材料等方面的特点以及这些特点如何满足目标市场的需求。

产品或服务的优势：介绍产品或服务相对于竞争对手的优势，例如，价格、质量、服务等方面的优势，以及这些优势如何帮助企业能够在市场竞争中获得优势。

目标市场：介绍产品或服务的目标市场，包括市场规模、市场分布、市场需求等方面的信息，以及如何针对不同的市场进行定位和推广。

市场分析：对目标市场进行深入分析，包括市场趋势、竞争格局、市场细分等方面的信息，以及如何应对市场变化和竞争挑战。

产品开发计划：介绍产品或服务的开发计划，包括产品研发、设计、测试、生产等方面的信息，以及预计的时间表和预算。

产品推广计划：介绍产品或服务的推广计划，包括营销策略、广告宣传、销售渠道等方面的信息以及预计的时间表和预算。

总之，创业计划书中的产品部分应该清晰地表述企业所要推出的产品或服务的特点和优势，以及如何满足目标市场的需求和如何进行产品或服务的开发和推广。这样才能让投资者更好地了解企业的产品或服务，进而使其做出投资决策。

3. 行动

创业计划书中的行动计划应该包括以下内容。

生产和运营计划：描述生产过程、产品库存管理和物流管理，包括生产和销售流程、质量管理计划和供应链管理计划。

人力资源计划：描述员工数量、职责和工作时间，还要包括招聘、培训和奖励计划。

财务计划：包括预算、资本需求、财务预测和成本控制计划。此外，还应该包括一个盈利和亏损预测，并在预测中考虑到成本、销售收入、市场份额等因素。

管理计划：描述管理层组织结构、角色和职责以及如何衡量和评估绩效。

营销计划：描述如何推广和销售产品或服务，包括广告、促销、定价和渠道策略。

风险管理计划：描述如何更好地识别和管理潜在风险，包括市场风险、财务风险和法律风险。

总之，创业计划书的行动计划应该包括一个全面的、具体的、可操作的计划，以确保企业在不同方面的成功。

4. 竞争

创业计划书中的竞争部分应该包括对竞争对手的深入分析和理解。需要列出竞争对手的产品、服务、价格、销售策略等方面的详细信息，比较本企业与竞争对手在这些方面的优劣势。同时，还需要分析竞争对手的目标市场、销售地区以及广告和促销活动的效果等，从而制定出相应的应对策略。此外，还需要分析市场是否存在新进入者的威胁以及可能出现的替代品或新技术对本企业的影响。针对这些竞争和风险，创业者需要在创业计划书中提出具体的解决方案和营销计划。

（二）创业投资计划书

创业投资计划书是指创业者为了争取获得投资资金而编写的一份详细的计划书。它是一个向投资人展示自己创业想法、项目规划、市场分析、财务预测等信息的重要工具。创业投资计划书一般包括以下几方面的内容。

1. 创业内容

创业内容是指创业者选择的创业方向和计划实施的具体业务内容。创业内容既可以是开设一家实体店面，也可以是建立一家互联网公司，或者是提供某种特定的服务等。创业内容是决定创业者要进行哪些具体业务活动的重要因素。选择创业内容时，创业者需要考虑多方面因素，包括自身的专业技能、行业前景、市场需求、资金实力等。同时，创业者也需要考虑自己是否具备实现该创业内容所需相应的能力和资源。

2. 信息分析

信息分析是指对各种数据和信息进行分析、整理、归纳、总结和推断的过程。在创业过程中，信息分析是非常重要的环节，可以帮助创业者更好地了解市场、竞争对手和潜在客户的需求和行为，进而制订更加精准和有效的市场营销策略和业务发展计划。信息分析是一个反复迭代的过程，需要不断地收集、整理、分析和调整，以适应市场不断的变化和发展。

3. 资金规划

资金规划是指为了实现创业目标，规划和安排好所需资金的来源、用途和分配方式，以确保创业项目的顺利进行。资金规划应该从创业初期开始就制定，随着创业项目的发展不断调整和完善。

资金规划的核心在于合理规划和使用资金，避免出现资金短缺或浪费的情况。首先要确定所需资金的总额，包括启动资金、经营资金、研发资金、人员工资等各项支出。其次要制订具体的资金使用计划，包括每项支出的时间、金额和来源，以及各项支出的优先级和重要性。

在资金来源方面，除了自筹资金、银行贷款、天使投资等传统方式，创业者还可以考虑通过众筹、股权众筹等新兴的融资方式来筹集资金。但是，创业者要根据自身情况和项目特点选择合适的融资方式，同时要注意遵守相关法律法规和合同条款，避免出现可能的风险和纠纷。

最后，资金规划要有一个良好的监控和调整机制，随时关注项目的资金流动情况和现金流量表，及时调整资金使用计划，以确保资金使用的有效性和高效性。

4. 经营目标

经营目标是企业在一定时期内希望达到的定量和定性目标。它是企业的发展规划和战略的核心内容，对企业的长期发展起到决定性作用。

5. 财务预估

财务预估是创业投资计划书中的重要部分，用于预测企业未来的收入、成本、利润等财务指标，以便投资者能够了解企业自身的经济潜力和风险。财务预估通常包括以下内容：

收入预估：通过市场调查和分析，预测企业未来的销售收入，并考虑可能的季节性和周期性变化。

成本预估：估算企业的运营成本，包括人工成本、材料成本、租金、水电费等费用。

利润预估：根据收入和成本的预估数据，计算企业的利润。可以预测毛利润和净利润，并考虑可能的税收和其他费用。

现金流预估：预测企业未来的现金流量，包括现金流入和现金流出。这可以帮助创业者了解企业的资金状况，以确保企业有足够的现金支持运营。

资产负债表预估：预测企业未来的资产、负债和所有者权益的变化，以便投资者了解企业的财务状况和偿债能力。

通过对这些财务预估指标的详细分析和研究，可以帮助创业者制定合理的财务目标和计划，并为投资者提供有力的财务数据支持，进而提高创业项目的可信度和吸引力。

6.营销策略

营销策略是创业计划书中的重要组成部分，它是指为了推销产品或服务而采取的一系列计划和行动，以更好地实现企业的营销目标和经营利润。以下是营销策略中的一些要素。

定位策略：对产品或服务的目标市场进行明确的定位，确定市场的特点、优势和需求，以便为目标市场提供更具竞争力的产品或服务。

产品策略：对产品进行定价、包装、设计、品牌、质量等方面的营销规划，以满足市场需求。

促销策略：包括广告、促销活动、公共关系、个人销售、直销等手段，以增加产品或服务的曝光率和销售量。

渠道策略：确定销售渠道，如直销、分销、零售等，以确保产品或服务能够顺利地流通到目标市场。

客户关系管理策略：通过建立与客户的良好关系，包括客户服务、回馈、客户保持等手段，借此增加客户的忠诚度和满意度，从而促进销售。

以上要素需要根据不同的产品或服务、目标市场和竞争环境进行针对性规划和实施，以达到最佳的营销效果。

7.风险评估

创业投资计划书中的风险评估是非常重要的一部分。在这部分内容中，需要对可能出现的风险进行全面的分析和评估，包括市场风险、竞争风险、技术风险、财务风险、法律风险等方面。针对每种风险，都需要制定相应的应对措施，以降低风险的发生概率和影响程度。

在进行风险评估时，需要考虑到不同风险之间的相互影响和关联性，综合考虑风险的整体影响，避免因为只重视某一种风险而忽略了其他风险的影响。同时，还需要对风险评估结果进行不断的修正和调整，以及根据市场变化和企业经营情况及时采取应对措施，以确保创业投资计划的顺利实施。

8.其他

另外，事业愿景、股东名册、事业组织等或创业者所特别要向投资者说明之事项。

三、大学生创业注意事项

（一）积极利用现有资源

积极利用现有资源是创业者实现创业目标的重要途径之一。创业者应该仔细评估自身的资源，包括技能、知识、经验、人脉、资本等，并找出如何才能最好地利用这些资源来支持自己的创业项目。

此外，创业者还可以积极寻找和利用外部资源，例如，加入商业孵化器或创业加速器，与其他创业者、投资者和专业人士建立联系，获得培训、指导和支持等。创业者还可以利用各种网络平台和社交媒体宣传来扩大自己的影响力和推广产品或服务。

总之，积极利用现有资源是创业者成功实现创业目标的关键之一。通过充分利用现有资源，创业者可最大限度地减少创业风险，从而提高创业成功率。

（二）合伙创业的处理

合伙创业是指两个或以上的人联合起来，合作经营一家公司或企业的过程。在合伙创业中，合伙人之间需要协商和处理许多的事项，以确保合作的成功和长期稳定。以下是一些合伙创业处理的重要问题：

股权分配：合伙人需要协商确定每个人在企业中的股权份额，包括现金投入、劳动投入、技术等方面的贡献。

决策权分配：合伙人需要确定每个人在企业中的决策权，包括日常经营决策、财务决策、战略决策等方面的权力分配。

利润分配：合伙人需要协商确定每个人在企业中的利润分配比例，包括现金利润、股权增值等方面的分配。

退出机制：合伙人需要协商确定退出合伙的机制和条件，包括合伙期限、退出原因、退出方式等方面的规定。

业务范围和发展计划：合伙人需要共同制订企业的业务范围和发展计划，包括市场定位、产品定位、渠道建设、品牌建设等方面的规划。

经营管理：合伙人需要共同制定企业的经营管理制度和规范，包括人事管理、财务管理、风险管理等方面的规定。

信任和沟通：合伙人需要建立良好的信任和沟通机制，确保双方能够及时了解对方的想法和行动，并能共同应对困难和挑战。

综上所述，合伙创业需要双方之间的互信和沟通，只有建立起合理的利益分配机制，制定科学的经营管理制度，才能实现合作的共赢和长期稳定。

（三）细致准备必不可少

细致准备是创业成功的关键之一。创业前需要进行充分的市场调研和商业计划的制订，并确定自己的目标市场和目标客户，以及产品或服务的定位和差异化竞争策略等。同时，也需要了解行业发展趋势和未来的竞争格局，为自己的创业之路打下坚实的基础。除此之外，创业前也需要准备充足的资金和人力资源，以及建立合理的组织架构和管理制度，以确保企业能够顺利运营。

（四）尽量用足相关政策

作为创业者，可以充分利用政府出台的相关政策和措施，尤其针对大学生创业的政策和措施，如税收、贷款优惠政策、创业培训、创业孵化等政策，以减少创业的风险和负担，同时提高创业的成功率。此外，还可以利用现有的资源，如学校、社会组织等，寻求他们的支持和合作机会，共同推动创业事业的发展。

（五）经商之道，以计为首

在现代商业竞争中，经营者需要具备敏锐的商业眼光和深厚的商业智慧，能够抓住市场变化的机遇，灵活应对市场风险，同时也要制定出有效的经营策略和实施方案。计划是企业成功的基础，没有一个好的计划，就不可能有成功的经营。因此，对于想要进入商业领域的人来说，建立自己的商业计划书是非常必要的，这也是运用商业智慧制定全面系统的、可操作的经营策略和实施方案的前提条件。

（六）谨慎决策问题

谨慎决策是商业经营活动中至关重要的一个方面。在市场竞争激烈的环境下，每个决策都可能影响企业的未来发展和盈利能力。因此，商业人士在做出决策之前，必须仔细分析情况，权衡利弊，考虑未来可能出现的各种风险，并制定最好的方案。

（七）不要被胜利冲昏头脑

大学生创业者在取得一定的成绩之后，应该保持清醒的头脑，谨防过度自信和骄傲。一方面，要珍惜所取得的成绩，不断总结经验，吸取教训，进一步完善自己的经营管理能力，为企业的长远发展打下坚实的基础；另一方面，更要警惕外部环境的变化和竞争对手的崛起，及时调整经营策略和发展方向，以保持企业的竞争优势和生存空间。同时，要以务实的态度，继续努力奋斗，不断拓展新的业务领域和市场空间，为企业的可持续发展创造更多的机会和条件。

第八章 大学生企业运营与管理创新

第一节 企业运营与制度体系

一、企业运营模式

运营模式是指企业为实现其所确定的价值定位而采取的某一类方式方法的总称。确立企业的价值定位是企业发展的关键之一，要让客户清楚知道企业所提供的产品或服务的独特价值。在确定价值定位后，企业就需要考虑如何通过现有的技术和资源来实现这种价值。这涉及制定合适的市场营销策略、生产流程、供应链管理等方面的决策。

企业应该从客户的需求和市场竞争的角度出发，分析现有的技术条件，以制订最合适的生产计划和生产流程，同时探索新的技术和资源，以提高生产效率和降低成本。此外，企业还需要考虑适当的营销策略，包括定价、促销和渠道选择等方面，以确保产品或服务的市场占有率和收益。

总之，企业需要根据自身的价值定位和现有的技术和资源，制订出可行的发展计划和营销策略，进行不断创新和改进，以适应市场的需求和变化。

企业运营模式细分为四个部分：产品运营模式、平台运营模式、物流运营模式和公司运营模式。

（一）产品运营模式解读

要想了解产品运营模式，就需要先了解企业在产业链的位置。产业链的位置可以分为产品设计、产品制造、产品销售三个部分。

产品运营模式是指根据企业在产业链的位置不同而区分出来的不同运营模式。可分八种产品运营模式：销售型、生产型、设计型、设计＋销售型、生产＋销售型、设计＋生产型、设计＋生产＋销售型以及信息服务型。

1. 销售型运营模式

这种类型的企业具有以下特性：它们只对销售环节负责，而生产交由其他企业。企业通过对客户的需求挖掘和探索，找到能够满足客户需求的产品或者服务。这种类型企业在商业中被称为渠道商，包括经销商、零售商和代理商三种类型，而贸易公司是这种类型企业的典型代表，京东、亚马逊等则是电子商务的典型代表。

2. 生产型运营模式

这种类型的企业具有以下特性：它们只是下游企业的供应商，客户的订单有多少它们生产多少。另外，在市场运作中，它们还能够进行贴牌销售，企业在整个生产过程中可以有多种产品，但不会广泛涉及销售和设计方面的服务。其中，富士康就是这种类型企业的典型代表。

3. 设计型运营模式

这种类型的企业具有以下特性：企业承担的是产业链中的设计部分，销售和生产的环节与这种类型企业无关。通常情况下，市场上消费者的相关需求传递到这类企业中，它们就会根据消费者的需求开展设计工作，并将设计的专利或者许可权等作为一项产品或者服务销售给负责生产的企业。

4. 设计 + 销售型运营模式

这种类型的企业具有以下特性：它们只负责设计和销售这两个环节，不参与生产环节。这种类型的企业在挖掘到市场需求后，会进行相关产品的设计并找到工厂进行生产。这种类型的企业以知名品牌为支撑，具备良好的设计能力和销售能力。这是一种和市场联系密切的企业类型，具有极强的市场敏锐性和客户满意度的反馈，是一种对市场需求响应最快捷的企业类型。

5. 生产 + 销售型运营模式

这种类型的企业具有以下特性：它们只负责生产和销售两个环节，不涉及设计环节。这也是大部分生产型企业的普遍模式。受特定因素的影响，这种企业不参与产品设计环节。这是一种模仿能力很强的企业，它们对行业中的龙头企业具有很高的敏锐性，龙头企业有新品推出时，这些企业就会开始模仿并根据自身企业情况进行一定的优化和改革。

6. 设计 + 生产型运营模式

这种类型的企业具有以下特性：它们只负责设计和生产两个环节，不负责销售环节，产品的销售通过经销商代理、招商联盟等形式来进行。出版社就是这种类型企业的典型代表。

7.设计+生产+销售型运营模式

这种类型的企业是参与产业链环节最多的企业，通常具有新产品开发能力。在设计上，具有自己的独特性，能够设计出符合市场需求的产品；在制造上，能够针对企业的制造设备和生产情况进行优化和管理；在销售上，具有自身的销售系统和营销体系，客户群体都较为稳定。

8.信息服务型运营模式

这种类型的企业不参与制造相关的任一环节，但却和制造业有密切关系。这类企业针对员工的培训和交易过程中的诸多环节提供决策咨询服务和信息服务。营销咨询公司是这种类型企业的典型代表。

（二）平台运营模式解读

电子商务的运营平台就相当于产品在互联网上的销售渠道，其重要性不言而喻。企业要想从事电子商务，就应该最先考虑搭建什么样的电商平台。企业电商平台根据营销运营目的和运营手段不同，可以分为自建商务平台运营模式、进驻第三方平台运营模式、电子商务代运营模式和代销售运营模式四类。

1.自建商务平台运营模式

电商平台的要求不同，而建一个电商平台所需的费用也不同，少则几千元，多则几万元、几十万元甚至上百万元。目前，绝大多数试水电子商务的企业都自建了相应的电商平台。自建电商平台根据电商的性质、运营模式和消费者对象可分为以下几种。

（1）B2B电商平台

B2B（Business to Business）是商家（泛指企业）对商家的一种电子商务模式，即企业与企业之间通过互联网进行产品、服务或信息的交换。这种电商平台更适用于工业品营销，典型代表有阿里巴巴、中国制造网、环球资讯网等。

（2）B2C电商平台

B2C（Business to Consumer）是指企业通过互联网向消费者销售服务或产品，即人们常说的商业零售。B2C既是国内最早产生的一种商务模式，也是目前企业建立最多的一种商务平台，典型代表有亚马逊、京东、当当等。

（3）C2C 电商平台

C2C（Consumer to Consumer）是个人对个人的一种商务模式，是卖方（指个人）主动通过互联网将服务或产品向消费者销售的一种模式。绝大部分个人网站都属于这种模式。

（4）C2B 电商平台

C2B（Consumer to Business）是个人对企业的一种商务模式，是个人根据企业发布的需求、企业认购的形式进行反向销售的一种模式。虽然这种商务模式在国内目前还并不常见，但已经存在并随着定制化模式的运营而逐渐普及。

（5）团购

团购（Groupon）这种模式可以被简单地归纳为把认识的或不认识的消费者联合起来，加大与商家的谈判能力，从而获得最优价格的一种运营模式。其核心价值就是将利益平分给商家、消费者和平台运营商三方。

（6）O2O 电商平台

所谓 O2O 模式，是指一种通过线上平台与线下实体商家结合的商业模式。O2O 电商平台通常是由第三方平台搭建，提供线上购物、预约、支付等服务，然后将订单或服务推送给线下实体商家进行实际交易或服务。该模式的优点是可以满足消费者线上购物、线下体验的需求，同时也为实体商家提供线上推广、销售、客户服务等服务，促进了线上线下互动、融合和协同发展。常见的 O2O 电商平台包括美团、大众点评、饿了么等。

（7）电商平台

电商平台（M-Commerce）是指通过手机、平板电脑等手持移动终端进行的 B2B、B2C 或 C2C 的商务活动。

2. 进驻第三方平台运营模式

第三方电子商务平台是指独立于商品销售方和消费者之间，提供中介服务的电子商务平台。它并不拥有实际商品，而是通过为卖家提供展示、销售、配送等服务，为买家提供购物体验、支付、物流等服务，从而使得交易更为便捷、高效。第三方电子商务平台的主要盈利方式是收取卖家的佣金和买家的服务费用。常见的第三方电子商务平台包括淘宝、京东、拼多多等。

电商自建商务平台能增加企业对渠道的控制力，并直接掌控消费终端。可事实上，绝大多数企业都缺乏自建电商平台的实力和能力，因为要想让自建的平台产生效果，就需要一笔不菲的资金来做渠道推广和渠道运营，但对绝大多数企业来说，一方面资金非常有限；另一方面企业的竞争核心优势并不是在渠道上面。在这种情况下，自建渠道就等于削弱企业的竞争力。所以，对于绝大多数企业而言，如果不是长远的战略需求或有强大的资金背景，而又想在电商中获得利润，最好不要自建电商平台，而应该选择进驻第三方电子商务平台。

目前，国内有很多非常优秀的第三方平台渠道可供选择，其中最常见的有淘宝、天猫、京东、亚马逊、当当等。

3. 电子商务代运营模式

电子商务代运营模式是指企业与电子商务平台合作，委托平台进行商品的销售、物流配送和售后服务等各项业务，代运营企业在平台上负责商品的上架、价格的调整、营销推广等工作，平台则负责销售、售后等服务。代运营模式相比于传统的自营模式，可以减少企业的投资成本和风险，同时也可以充分利用平台的流量和品牌优势，进而提高销售额和知名度。代运营模式适用于中小企业或创业初期的企业，可以帮助企业快速进入电商市场，并节约经营成本。

电子商务代运营服务通常包括多个方面，旨在协助企业实现电子商务的全面运营。具体而言，代运营公司通常会提供如下服务：

电子商务咨询与规划：帮助企业分析市场、竞争对手和目标用户，提供针对性的电子商务战略和规划。

电子商务平台设计与建设：负责电子商务平台的搭建和维护，包括网站设计、页面布局、交易流程设计等方面。

产品拍摄与上传：提供商品拍摄、修图和上传服务，确保商品展示质量。

电子商务推广与营销：负责电子商务平台的推广和营销，包括搜索引擎优化、社交媒体营销、电子邮件营销等营销。

客服销售体系建设与培养：协助企业建立完善的客服销售体系，包括客服中心搭建、培训、运营管理等。

电子商务培训辅导：提供电子商务相关的培训和辅导服务，帮助企业提升员工的电子商务技能和素养。

电子商务数据分析：分析电子商务平台的数据，提供关键的数据指标和分析结果，以帮助企业做出正确的经营决策。

客户关系管理：协助企业建立完善的客户关系管理体系，包括客户服务、回访、满意度调查等。

商品品类管理：负责商品品类的管理和调整，帮助企业优化商品结构，进而提高销售额和毛利润。

总之，电子商务代运营模式可以让企业专注于核心业务，将其他工作交由专业公司完成，从而提高效率、降低成本、提升竞争力。

4. 代销售运营模式

代销售运营模式是指企业为了拓展网上业务范围，招募第三方电子商务平台（如网店）进行代销，让更多的平台成为其零售终端。企业在代销售网站上销售产品时，一般会给代销售网站供货的价格是小批量批发的价格，而有些企业还会收取代发货服务费用，这些费用可能会直接算进商品价格里。不过，为了吸引代销售网店的合作，企业通常会给代销售网店一定的利润空间，以保证代销售网店的利益，同时也可以增加企业在代销售网站上销售产品的数量和销售额。

对于代销售网店店主来说，相对于传统的实体店创业，代销售网店创业几乎是零成本的，因为他们不需要投入大量资金去租赁店面、装修、采购库存、雇佣员工等，只需要通过代销平台与供应商合作，拥有一定的营销技能和管理经验即可。其销售过程也相对简单，店主只需要在代销平台上开设店铺、选择合适的商品进行销售，然后按照一定的分成比例与供应商分享利润即可。同时，代销售网店也可以通过代理多个品牌的商品，不断丰富产品线，提高销售额和利润空间。

（三）物流运营模式解读

物流是指利用现代信息技术和设备，将物品从供应地向接收地准确、及时、安全、保质保量地进行货物转移的过程。物流体系是由多个环节组成的。具体来说，物流体系包括：物流信息系统、采购物流、生产物流、配送物流、售后服务物流等。每个环节都有其特定的职能和任务，通过各种手段和方式协同配合，最终得以实现货物从供应商到客户的全过程管理和控制。

随着电子商务的兴起，送货上门成为企业的一项极为重要的服务业务。而送货上门服务不仅可以提高企业的客户满意度，也可以增强企业的竞争力。送货上门服务还需要考虑配送效率和配送成本等因素，因此，企业需要建立高效的物流管理体系，以确保送货上门服务的顺畅运营。同时，企业还需要通过合理定价等措施，控制送货上门服务的成本，从而提高企业的盈利。目前，我国电子商务物流体系根据物流特性和服务内容不同分为三大类：电商自建物流体系、第三方物流体系和其他物流配套服务体系。

1. 电商自建物流体系

目前，电商的高速发展与相对滞后的物流建设两者间存在一个天然的瓶颈。对于大的电子商务企业来说，要解决这个问题，就需要自建物流，但电商企业投资物流并不划算，原因在于物流太过于耗资，建设一个稍有规模的区域性物流企业就需要上亿元资金，如果想建设全国物流体系，则需要几百亿元。正因为如此，京东等电商企业的融资绝大部分都投入物流建设上了。

当然，如果从长远战略角度出发，自建物流能帮助电商企业统一物流管理，不断提高服务质量，在节省物流资金的同时又能提高物流速度和效率。这正是国内不少大电商企业自建物流体系的主要原因。目前，国内自建物流的电商企业并不太多，主要有京东物流、苏宁易购物流、亚马逊物流等。

2. 第三方物流体系

从整个行业角度出发，依靠第三方物流企业也是个不错的选择。即使电商企业要自建物流，也没必要完全自建，可以通过控股物流企业的方式依靠第三方物流或整合小的物流公司快速建立属于自己的物流队伍，这也是不错的运营模式。目前，国内第三方物流企业根据服务范围不同分为传统运输、快运、快递、"最后一公里"以及 COD（to Cash on Delivery，货到付款）5大板块。

（1）传统运输

传统运输指的是以传统的物流运输方式进行的货物运输，包括陆运、海运和空运。陆运是指通过道路、铁路等陆地交通方式进行货物运输

（2）快运

跟快递相比，快运的对象一般重量和体积都比较大，件数比较多。与传统运输的点对点相比，快运则做到了门对门的服务，可以直接将产品运送

到终端收货人手中。

（3）快递

快递是一种以快速、可追溯和保障寄递物品安全为主要特点的运输服务。在电子商务时代，快递服务成为了各类电商平台、个人卖家以及消费者进行交易的一个重要环节。快递公司通过建立完善的物流网络和信息系统，提供快速、可靠的快递服务，能够让商品快速从卖家仓库或商家仓库送到消费者手中。常见的快递公司有顺丰、圆通、申通、中通、韵达等。

（4）"最后一公里"

"最后一公里"是解决物流过程中"点到门"这一最后传递过程，如今一般通过自提站、配送点、服务站以及线下渠道门店等方式来实现。

（5）COD

COD 是指快递代收费，即货先送到后，客户把快递费给送货员，也就是人们常说的"货到付款"。目前，国内很多电商都有这种支付模式，如京东、淘宝、亚马逊、当当等，当然也有很多物流公司可以代收费，甚至以此为特色，主要有飞远配送、小红帽、航至爱彼西、赛澳递、大洋物流、南方传媒发行等物流。除此外，很多电商自建物流、快运公司和快递公司也兼有快递代收费的服务。

3.其他物流配套服务体系

物流配套服务是指为完善物流、提高物流效率而附加的一系列服务体系，包括仓储服务设备、物流设备、软件及信息化服务以及其他一些配套服务。

仓储服务设备：是指为方便货物储藏、库存、保管等服务的相关设备，包括仓库、货架等。

物流设备：是组织物流活动的物质技术基础，包括叉车、搬运车、集装箱、货运车等。

软件及信息化服务：是指为了促进物流快速发展，降低物流成本而研发的信息化服务设备，如仓库管理软件、产品数据化管理软件等软件。

物流配套体系：还包括印刷包装、在线支付等其他配套服务。

（四）公司运营模式解读

这里所说的公司运营模式专指电子商务企业为了顺利地进行商务运作所采取的一系列方法和组织机构，主要包括电商运营模式、电商资本模式等。

1.电商运营模式认知

电商运营模式是指电子商务公司交易服务或产品的类型，可以分为纯电商、网购＋体验店、由线下拓展到线上、由线上拓展到线下以及服务电商等几个模式。

（1）纯电商模式

纯电商模式是指服务或产品的交易都在网上进行。这种模式最关键的条件是消费者对纯电商模式产生信任，并能有一定的品牌忠诚度。

（2）网购＋体验店模式

网购＋体验店模式是一种电子商务与传统实体店相结合的销售模式。其基本原理是：消费者在网上浏览商品、下订单、支付，然后到线下实体店体验或提货，或者在实体店直接下单后到店支付或选择快递送货。这种模式可以结合线上线下优势，给消费者带来更好的购物体验和便利，也可以提高实体店的销售效率和线上销售的转化率。此外，体验店也可以作为品牌宣传和推广的场所，以吸引更多潜在客户的关注。

（3）由线下拓展到线上模式

这种模式是典型的传统企业进入电子商务的一种模式。传统企业一般已经在线下有了一定的渠道网络，其中很多企业甚至有了自己有很大影响力的品牌，它们进入电子商务平台主要是为了拓展新的渠道系统。典型代表有李宁、苏宁电器、国美电器、万科等。

（4）由线上拓展到线下模式

这种模式与由线下拓展到线上模式相反，是先在网络上有了一定的影响力（如淘品牌等）后，又因为战略需求，在线下开设销售渠道，典型代表有羊皮堂等。

（5）服务电商模式

这种模式主要在社会化网站中使用得比较多，主要是通过向消费者提供电商的产品优惠策略、打折活动等相关信息服务。典型代表有打折网、美丽说等。

2.电商资本模式认知

（1）风险投资

风险投资是指投资者在创业或初创企业中投资，以获取高回报的一种投资方式。风险投资是基于对未来潜在收益的预测，而不是对企业现有价值的估算。风险投资投资者通常会向创业企业提供一定的资金和业务经验，以帮助企业实现增长和盈利。在交易中，投资者通常会获取一定比例的股权或未来利润的分成权，以作为他们投资回报的一部分。风险投资的回报高，但也伴随着高风险和高失败率的风险。对于创业者来说，要吸引风险投资者，需要有清晰的商业计划和战略以及稳健的执行能力。

（2）传统投资

这是指企业通过各种形式进入电子商务领域，将资本引入电子商务公司或互联网服务公司中，如万科、苏宁易购等就属于这种模式。

此外，企业还可以通过银行贷款、招商入股、发行股票等方式来融入资金。

二、企业制度体系

（一）标准流程制度体系的构建

1.标准流程制度体系三元素

创业公司构建标准流程制度体系的三元素：人、事、钱。这三元素构成了一个三角形的循环体系。一开始就有人，大家想做一件事，如果人和事都比较可靠，那么初期资金会有（可能自筹，可能融资）。在当慢慢看到成绩的时候资金会更多一点儿，然后可以招更多、更高水平的人，然后，这些更高水平的人会把事情做得越来越好，接着要么自己赚钱，要么有更大的投资商感兴趣。总之，这是一个事情越来越好、资金越来越多、人员规模越来越大的良性循环过程。

这个循环是一个正反馈，意指每一个环节都会得到其他环节的同向的反馈和结果。不只是正向，负向也是很有可能的。一件事做得不好，消耗了很多的现金，然后由于现金逐步短缺，可能养不起出色的人，导致员工流失，接着事情越做越差，最后公司就会倒闭。

创业公司的CEO实际上每天的工作就是始终保证人、事、钱这个三角循环是正向的。而要保证这三个要素良好运转，需要一套标准流程制度体系支撑。

2.标准流程制度体系的构建方法

标准流程制度体系的构建方法可遵循以下几个步骤。

其一，明确制度的目标和内容。制定制度之前，需要明确该制度的目标和具体内容，以便确保制度的可行性和实效性。

其二，确定制度的制定和修订程序。确定制度的制定和修订程序，包括制定制度的流程和流程中涉及的角色和职责等内容。

其三，制定制度。按照制度的目标和内容，结合实际情况，逐一编制制度的各个环节，包括流程、规范、操作等方面。

其四，制度的审批和发布。制定完成后，需要经过内部审批流程，并且得到相关领导的批准，最终发布到组织内部。

其五，执行、监督和修订制度。制度的实施需要进行有效地监督和管理，对制度的执行效果进行监测，以便进行适时地修订和改进。

其六，培训和沟通。制度的实施需要进行有效的培训和沟通，让所有相关人员了解制度的内容和操作要求，确保制度能够得到人员的有效执行。

以上步骤是标准流程制度体系的构建方法的基本步骤，其中每个步骤都需要有具体的实施方案和措施来保证其实效性。

（二）云计算模式下的企业信息化建设

大型企业已经充分意识到云技术对企业的益处，诸如，沃尔玛、麦当劳这种巨头，会在信息技术上常常投入大量的资金，它们拥有先进的技术解决方案，能用远超同行的技术对消费者数据进行分析处理，从而做出更好的企业决策。而基于云技术的软件即服务（SaaS）平台的诞生，让所有企业甚至个人都能通过云计算使用信息化服务，从而管理公司的人力资源以及其他方面，在仅投入少量资金的情况下就能得到几十倍的收益。

第二节 员工培训及其管理工作

"互联网＋"与大数据的不断深入发展和普及，给人们的生活、工作和学习带来质的改变，人们的日常生活已经和互联网技术紧密地联系在一起。处于"互联网＋"环境中，各种传统行业不但受到互联网跨界的深刻影响，同时也为其如何成功升级的问题带来了挑战。在"互联网＋"环境下，大学生也将面临全新的挑战和机遇，传统的管理方法逐渐被淘汰，这需要管理者能够站在管理需求的高度进行恰当的取舍，而所有的举措都应该围绕在"互

联网 +"环境下对员工管理的中心目标来进行。

一、企业员工培训

（一）企业员工培训的重要性

网络信息技术无时无刻不在影响着人们的生活、学习和工作。建立在现代移动技术基础上的工作软件也是包罗万象，如 ERP 系统、OA 系统等。而今日涉及生活的软件包括了大众点评、淘宝、京东和滴滴打车等；有关人际交往方面的软件包括了 QQ、微信等；涉及学习方面的软件有网上大学、MOOC 和中华会计网等。现代人们的生活受到此类社交驱动方式的重要影响，人们的交互方式呈现出陌生人关系、跨界、快捷传播和扁平化等多元化趋势，让社交出现了不同的圈子文化。与此同时，现代网络信息技术的发展也引起了现代企业的运营模式和商业模式的全新变化，很多企业开始将业务转向在线平台。

人力资源管理未来发展的重要方向之一是社交化发展。人际互动出现一对一或者多对多等转变的变化趋势，这就使得人力资源政策、企业文化以及员工管理的快捷性、稳定性和交互性特征显得更为重要。随着人力资源业务合作伙伴、人力资源共享中心等的出现，现代人力资源管理更加需要扁平化和社交化。而共享、共建以及交互功能也将成为社交化人力资源管理的重要内容。

随着现代网络信息技术的发展，人力资源云管理已经成为可能。现在人力资源管理的模式也开始向"社交网络 + 移动科技 + 大数据技术"的综合方向发展。华为的职能穿戴、小米的供应链管理、金蝶的移动办公和苹果的智能手表等都是对有效创新式管理模式的尝试。随着管理模式的变化，企业的其他模块也必然出现较大的改变。

（二）员工培训策略

面对上述变化，人们首先要明确培训的真正定义是什么。关于培训的定义有很多，但最基本的定义是企业针对员工开展的知识传递活动。明确了这一点之后，可从以下三方面来应对。

1. 把握新员工的特性与需求

（1）文化归属感

任何一个员工在进入新企业之后，都需要快速地适应新的工作环境，形成自己的企业地位。为此，企业有必要提供必要的互动交流机会，以帮助员工能够尽快地适应新工作和新环境。

（2）任职要求

员工适应工作环境后，就应该在自己的岗位发挥所长，这离不开企业的专业指导。因此，企业有必要主动及时地予以员工帮助和指导。

（3）个人发展

员工不能仅仅满足于胜任岗位工作，在此基础上，企业有必要给予员工一定的机会，使其能够脱颖而出，将过往积累的经验进行消化。

2.找准企业培训的需求

（1）培训针对性

员工的培训内容可以是多种多样的，不过企业的工作标准和业务流程却是一定的。以往企业在调查员工的培训需求时，都只是将调研表发给员工，由员工直接填写，但员工通常都是敷衍了事，以此制定的培训内容针对性并不强，而实用性也大打折扣。从新员工的角度来看，培训需求调研只是入职前的一项例行工作而已，无法引起新员工的足够重视，所以，利用在线学习平台深入地发现和挖掘培训需求，以此来合理管理培训流程和培训内容是很有必要的。

（2）知识可重复性

很多大型企业一般会在每年7月招聘大量的新员工，如果采用固定不变的培训模式对其进行培训，内容和模式的重复化将浪费管理者大量的精力和时间，因此，培训完全可以采取以新员工自学等方式进行。

（3）培训成本

师资、教材和课程开发等都是企业培训成本的重要内容，而且企业内训师的成本也一直居高不下。他们不但有自己的本职工作要完成，还需要进行额外的培训工作，因此导致工作压力不断加剧。内训师完全可以利用学习平台的方式进行培训内容的聚合，不需要每次亲力亲为对新员工进行培训，从而减少一定的工作量。大型企业可以由总部制作电子课件，通过平台分享给下属单位和分公司等。

（4）企业文化融入

好的企业文化能加强员工之间的凝聚力，能使员工产生强烈的归属感和团队荣誉感。任何企业都需要新员工加入，因此，应想办法为新员工创造好的企业文化氛围，能为其快速顺利地融入企业创造条件。

（5）解决员工困惑

在实际工作过程中，新员工必然会面临各种挑战和难题，但他们要得到实时的帮助和反馈却难度很大。这就需要企业建立一个良性的互动讨论交流圈子，为新员工提供所需的帮助和指导。

上述都是从企业需求的培训体系角度来考量的。事实上，在企业培训中，移动学习平台的引入既能较好地解决新员工的培训问题，又能有效提高培训工作的效率。

3. 在线学习平台的搭建与运营

在"互联网+"时代背景下，引入移动学习平台是必然趋势。

（1）设计内容

培训内容若具有可复制性及基础性强、属于通用类和知识点分散等性质，利用在线学习平台进行培训是非常好的；不过针对一些专业性强，专项内容、知识点较集中以及属于提高类知识的培训内容，则线下培训效果应会更佳。

（2）塑造文化

资讯发布、感悟心得的分享、问答互动等都可以利用线上平台进行；而线下方式则重点针对心理访谈、演讲比赛、旅游聚餐、故事分享等内容，通过线上线下方式结合，让员工之间的关系更加亲密，互动更加融洽。

（3）关注个性

新时代下，新员工的特征更加明显、个性更加鲜明，他们更加愿意将自己的知识和技能通过线上平台微课评选活动以及线下平台标杆榜样设置等方式进行分享。

（4）效果管控

考试评比、月度总结以及在线测评等工作都可以通过线上平台完成，从而节省大量的精力和时间。另外，通过线下跟踪改进以确保学习效果的达成；还可以进行现场一帮一的活动，来促进新员工快速融入和快速成长。

（5）体系管理

员工的自我学习和自我反思都可以通过在线学习平台上的培养计划、

成长档案和课程库等完成；同时，还可以结合线下的绩效反馈、学习路径和岗前测试，为员工的发展指引正确的方向。

此外，在搭建移动学习平台过程中，需要考虑以下原则：

降低成本：大批量、标准化、非手工。

成果显性：文化塑造、典型标杆、数据化自动管理。

沉淀扩充：案例收集、丰富扩大、参考改进。

完备的内容、形式和后台管理是在线平台良好运营的三个重要因素。另外，移动学习平台可以设置多种功能，如，题库建设、电子课件库、导师辅导、在线评选等功能。同时，良好的硬件配置、终端接口和网络环境也是必不可少的。

二、企业员工管理工作

目前，很多新员工都是深受互联网影响的一代人，他们个性鲜明，追求自由，展现自我，讨厌被约束，具有较大的可塑性，对有挑战性和趣味性的工作表现出很大的兴趣，敢于创新，有思想、有技能；不过也都难免会感觉孤独，想要得到重视。考虑到新员工的这些个性特征，管理者需要根据企业的实际情况，对新员工进行分类管理，并从人心和人性的角度去对待他们，不使其被过多的死硬规定所束缚。

（一）了解掌握人心与人性

人心是指人们之间的情感表现，是人们情感的主体部分。在互联网条件下，管理者对人心的了解是非常重要的。只有这样，管理者才能更好地把握被管理对象的动机和需求，从而采取新员工所需求的方式进行管理，达到事半功倍的效果。

人性是目的与智慧的统一体。在现实生活中，人性可以归为善与恶两个面。管理者要分清人性的善恶，有针对性地对善进行引导，对恶进行抑制。时代不同，人们的认知也有所不同。新时期的员工更加需要管理者的认可，他们追求自由和个性，具有较大的可塑性，表现出来的需求和渴望也各有不同，而管理者需要掌握员工的人性特点，才能对他们的真实需求有所了解，从而给予积极的引导和帮助，让管理效率不断提升。人性是瞬息万变的，管理者对其进行全面了解和把握，才能真正做好管理。

（二）做好员工的分类管理

由于人们具有不同的能力、阅历和表现，因此管理人员需要了解和把握不同员工的表现，针对不同的员工做好分类管理工作。

可把员工分为想干事的（属于 A 类员工）、不想干事的（属于 C 类员工）、想干和不想干之间的（属于 B 类员工）三种类型。管理者通过日常的管理行为和观察，可以识别哪些员工属于 A 类员工、哪些属于 B 类员工、哪些属于 C 类员工。企业在建立标准流程制度体系时，应该考虑到员工的人性和行为习惯，以便更好地管理员工并提高其生产效率。分类管理是一种行之有效的管理方法，它可以使企业更好地识别员工的个性和工作特点，然后有针对性地进行培训和激励，以达到更好的工作效果。在制度体系建立的过程中，进行记录和反馈也非常重要，这样可以为企业提供数据支持，以便更好地评估制度的有效性和员工的表现。最后，建立有效的激励机制是企业吸引和留住优秀员工的关键，同时也是提高员工的工作积极性和生产效率的必要手段。

（三）管理好三类员工，做高效管理者

"互联网 +"背景下如何做好员工管理——这三类员工聚焦了管理者与直接上级的管理思路和工作重点。

1.A 类员工

从平常的工作中可以发现，A 类员工的适应性非常强，能较快地进入到工作角色中，胜任自己的岗位工作，将自己的专长运用到工作中，其工作态度也非常端正积极。针对这类员工，管理者可以采用激励机制，制订培训计划，将 2 个人的工作安排给 1 个人完成，给予这个员工 1.5 倍的薪资待遇。同时，为其制定适当的职业生涯规划，从精神层面和物质层面达到激励的作用，为员工的成长和个人价值的体现创造良好的条件。通过个性化的职业规划，员工可以更好地理解自己的职业发展道路和职业目标，并将其与企业的发展紧密联系在一起，同时也能更好地发挥自己的优势和提高工作效率。这类员工也可以作为管理层接班人进行培养。

2.B 类员工

企业中也会有这类员工，我们将之认定为 B 类员工：他们在工作中不求有功，但求无过，他们对公司的发展态度冷淡，处理任何事情都保持中立。

针对这类员工，管理者应先要让他们了解 A 类员工的薪酬待遇，让他们明白公司的处世原则和管理机制，从而帮助他们向 A 类员工发展。此外，适当的关心和引导也是必不可少的，让这类员工充分体会到尊重和鼓励，促使他们将自身的发展和企业的发展联系到一起。

3.C 类员工

不管哪个企业，都会有做事拖拉、能力平常的员工，我们称其为 C 类员工，他们的工作态度非常消极，还影响其他员工的积极性。针对这类员工，管理者应该将之调离或者给予辞退。另外，从日常的组织管理行为中也可以得知，大部分的人都希望被肯定和被尊重，在面对这类员工时，管理者也应该先从自身找原因，对员工失去工作兴趣和积极性的原因进行合理公正的分析，是原本就能力平庸还是因为不被重视而故意采取消极怠工的态度来引起关注等。针对不同的原因进行不同的处理，只有采取有效的沟通方式和方法与员工互动，剔除不良因素，才能确保团队的凝聚力和团结力。

综合而言，以上员工分类可以作为企业在"互联网+"环境下进行员工管理的依据。管理者把握好管理尺度和引导方法是管理的重要内容，对人心进行把握，对人性进行了解，对员工进行分类管理，让员工都能各尽所长，是管理者需要做好的本职工作。

第三节 市场营销及其产品创新方法

一、市场营销方法

（一）搜索引擎营销及其特点

搜索引擎营销是指在用户使用搜索引擎搜索需要的信息的时候，通过关键词关联弹出企业的网页，用户可以点击进入网站进一步了解该企业的信息。简单来说，搜索引擎优化就是以最小的投入换来在搜索引擎中巨大的访问量，进而创造商业价值。搜索引擎优化主要分为两种：一种是被动地被搜索引擎记录；另一种则是主动地通过一些手段在搜索引擎中获得较为靠前的排名。这也是许多市场营销人员对搜索引擎营销手段运用的基本水平，但从实际的效果来看，仅被搜索引擎收录或者在搜索引擎中排名靠前是远远不够的，用户主动点击的意愿并没有因此而大大提高，也不能保证用户点击之后就能成为企业的客户，相对于投入，性价比就不够高了。因此，这两点只能说是搜索引擎营销要实现的基本目标。搜索引擎的特点是：使用广泛；用户主动查询；易获取新客户；竞争性强；动态更新，随时调整；投资回报率高。

（二）电子邮件营销及其特点

电子邮件营销是得到用户许可的情况下，将企业的产品服务、优惠打折信息通过电子邮件的形式传达给用户的营销方式。电子邮件营销由用户许可、电子邮件传递信息、信息具有价值三个因素组成，这三因素缺一不可，否则就不属于有效的电子邮件营销。电子邮件营销是一种营销手段，通过电子邮件实现与客户交流的目的，属于直销的一种。随着电子邮件的推广使用，电子邮件营销得到了新生，已经成为各大网站进行营销的基本手段。电子邮件营销具有以下几个特点。

1. 操作简单，效率高

只需要一个群发软件，就可以向海量的用户每天发送数百万封电子邮件广告，这种操作不需要高深的计算机知识，只需要懂得如何发送电子邮件就可以实施。如果要发送上亿封电子邮件，只需要多加几台计算机，多招聘两个人就可以实现。

2. 成本低廉

发送一封邮件几乎无任何成本，因此，电子邮件营销是一件成本极其低廉的事情。

3. 应用范围广

只要不违法，广告的内容就不会受到任何限制，因此，电子邮件营销适合每一个领域。电子邮件能容纳的信息量大，文件保存期比较长，对企业营销来说是一个良好的选择。

4. 针对性强，反馈率高

每一份电子邮件都会发送到特定的客户的邮箱里，发送者可以根据行业和地域进行分类，也可以根据客户自身的习惯定制电子邮件，然后发送给目标客户，有针对性地宣传企业的产品。这样的宣传能够一步到位，取得非常好的效果。

（三）论坛营销及其特点

论坛营销就是在论坛、贴吧这种网络交流平台上，以文字、图片或者视频的方式宣传企业的产品和服务，让目标客户了解企业的产品和服务，进而购买产品，成为品牌拥护者，最终提升企业的品牌形象、提高市场认知度的网络营销行为。论坛营销的特点如下：（1）论坛的人气越高，企业的论坛营销效果越好。论坛是一个开放式的话题讨论平台，几乎所有企业都可以在这个平台上展示企业现阶段的营销诉求，并令其有效传播。（2）论坛的各种功能，诸如，传播策划、帖子撰写、帖子推送、效果监测、最终汇报等流程和置顶帖、大图帖、连环贴、视频帖等功能，能大大提高论坛营销的传播性。（3）论坛很容易在短时间内聚集起大量的用户。基于论坛的这个特点，在论坛上举办"踩楼""灌水集中地""赛贴图"等活动，能有效调动大量的用户与品牌实现互动。（4）论坛客户容易被某种事件打动。精心策划网民感兴趣的活动，可以让品牌、产品和服务植入企业的传播内容，并能在后续的宣传中继续发力，如引发新闻事件，造成连环传播。（5）论坛营销能借力搜索引擎营销，好的帖子会被搜索引擎收录，在用户搜索的时候也能在比较靠前的位置展示。

（四）博客营销及其特点

博客营销是通过博客平台进行营销的行为。公司或者个人可以通过博客这种强交互的平台发布并更新企业的产品服务，密切关注用户对产品服务的疑问，及时回复客户的疑问。如果企业拥有一个粉丝数目较多的平台，就可以利用平台的优势为自身或者他人带来良好的解决方案，而后企业再回到原来的循环。博客营销有以下几个特点：

1. 细分程度高，每个地方都可成为一个传播爆点

从图书的角度来说，博客就是一个网上商城，博主可以在上面随意发表不违反法律的内容。其实博客的读者也大多是年轻人，因此，博客拥有超越人们认识的细分程度，细分程度越高，广告就越能产生效果。

2. 容易和客户进行互动，能很好地赢得口碑

在企业的广告营销环节中，博客扮演着媒体和受众的双重角色，既是一个传播渠道也是一个受众群体，能有效地将媒体和口碑传播结合起来，实现广告在博客互相交织的庞大网络中自我流动，放大传播效应的目的。

每一类人群在某类博客上能自发地形成一个兴趣爱好相同的圈子，博客在这个圈子内的地位和影响力是很大的，而且作为这个圈子的意见领袖，

其可信程度相对较高，很容易在圈子内和圈内成员的朋友圈中流动，因此可创造的品牌效应非常大，能大大提升品牌价值。虽然单个博客的流量不一定很大，但是当博客的粉丝达到一定的量级之后，所创造的品牌价值和营销效果是远远超乎人们想象的。

3. 影响力大，引导网络舆论潮流

意见权威对用户群体的影响力很大，博客因此逐渐成为意见领袖引导舆论方向的地方。他们发现或者发明的技术、观念、想法能很快在网络中迅速传播，如果企业利用好这类博客，那么能对自身的品牌产生巨大的影响。

4. 大大降低传播成本

口碑传播的成本主要花在了教育和刺激一小部分意见领袖群体身上，即利用意见领袖群体在粉丝心中的权威性来撬动大量的用户，因此口碑传播花在营销方面的成本可以非常低，且往往能获得几倍的效果。

如果企业在营销过程中能巧妙地利用口碑传播的技巧，就能在花费很少的情况下达到传统广告营销所不能达到的效果，不仅能吸引广告的诉求对象，还会因为营销创新而吸引更多的社会人群和传媒界的高度关注，引发媒体的热议和报道，这种效果甚至比传统广告的高几倍。

（五）播客营销及其特点

博客是以文字和图片的形式将企业的需求在互联网上进行传播，而播客则是以音频甚至制作节目的方式进行营销传播。从这个角度来说，播客是互联网时代的个人电台和电视台。受当前技术的影响，音频成为播客最主要的方式。苹果 iTunes 软件一经推出，就受到很多人的推崇，短时间内，大量访客出现在很多播客网站，导致网站一度瘫痪。

播客出现之后，如何利用播客进行营销也成为人们研究的一个问题。有学者认为，与看报纸相比，听报纸的信息接受阻力更小，接收者不容易产生阅读疲劳，这种特点令音频的魅力远胜文本。

对初创企业来说，成本低廉的营销方式是其主要营销方式，而播客就是其中一种，只需要投入一点点资金就可以把公司的产品服务推广到消费者心中，而且还比传统广告高效。

二、产品创新方法

（一）构建企业创新机制

企业创新机制的构建是一项长期的、系统的工作，创新机制由三个主要的机制构成：①企业创新动力机制；②企业创新运行机制；③企业创新发展机制。

这三个机制是企业创新的前提和保障。

1.构建企业创新动力机制

企业可以构建完善的创新动力机制，从而激发员工的创新热情和动力，推动企业不断创新，不断提升竞争力。一般来说，市场拉动、科技推动和政策激励三种推动力能推动企业的创新进程。

（1）市场拉动

市场拉动是一种以市场为导向的企业经营策略，强调企业要关注市场需求和消费者的需求，以市场需求为导向来设计和生产产品，以满足消费者的需求和期望，从而提高产品的竞争力和销售额。市场拉动是一种以市场为导向的企业经营策略，强调企业要关注市场需求和消费者的需求，以市场需求为导向来设计和生产产品，以满足消费者的需求和期望，从而提高产品的竞争力和销售额。市场拉动的重点在于市场导向和消费者导向，而不是企业内部的生产和技术导向。

在市场拉动中，企业需要做好市场调研工作，了解消费者的需求和偏好，分析市场趋势和竞争状况，从而设计出符合市场需求的产品，并进行市场营销和推广，吸引消费者的关注和购买。市场拉动的目的是通过不断改进产品质量和服务水平，提高产品的竞争力和满足消费者的需求，从而实现企业的可持续发展和增长。

市场拉动需要企业具备市场敏锐度、市场营销能力和创新能力，以便能够不断适应市场需求的变化，掌握市场机会，提高产品的竞争力和市场份额。同时，市场拉动需要企业具备长期的市场规划和营销战略，以便能够在激烈的市场竞争中立于不败之地。

（2）科技推动

科技推动是指通过技术创新和应用，推动企业的创新发展。在现代经济中，科技的发展已经成为一个国家、一个企业能否获得竞争优势的重要因素。企业可以通过引进新技术、加强自主研发、积极应用互联网技术等方式推动科技创新，提高产品或服务的品质、效率和竞争力。此外，科技推动还能够改善企业的生产方式、降低生产成本、提高产品的附加值，从而实现企业的可持续发展。

（3）政策激励

政策激励是一种常见的企业创新动力机制，政府可以通过制定一系列创新政策来引导和激励企业的创新活动，例如，提供税收优惠政策、创新奖励，等等。政策激励可以有效地鼓励企业投入更多的资源和精力来进行创新活动，促进企业在技术、管理、营销等方面的创新，从而提高企业的竞争力和创新能力。同时，政策激励也可以促进企业间的合作和竞争，形成创新生态系统，提升整个产业的创新水平和发展速度。

2. 构建企业创新运行机制

企业创新运行机制是指为了保证企业创新活动的高效执行，需要建立一套规范的组织结构、流程和管理制度。企业创新运行机制是企业保证创新活动高效执行的关键要素，构建有效的创新运行机制可以提高企业的创新效率和竞争力。

创新过程由以下4个阶段组成。

（1）感性阶段

这一阶段，创新还只是一个想法，其转变为创新成果还需要企业在各方面提供合适的环境和条件，特别是信息和时间方面。另外，设立一个专门的机构负责收集、处理和管理创新思想非常重要。这个机构可以是一个独立的创新管理部门或者是创新小组。

（2）概念化阶段

概念化阶段是指将创意或想法转化为可行的商业计划的过程。在这个阶段，创业者需要对自己的想法进行深入的研究和分析，包括市场研究、竞争分析、商业模式设计等，以确定其商业计划的可行性和实施方案。同时，创业者还需要建立一个有效的团队，并确定初始资金来源和管理方案，以确保商业计划能够成功实施。最终，概念化阶段的目标是建立一个可行的商业计划，并为下一步的执行提供基础。

（3）开发阶段

这一阶段，要将创新的概念变成一种初始的实体产品，之后企业管理者将要考虑是否进行投资，让这个产品得以大规模的生产。由于要开发一个新产品不容易，因此企业的人力资源、资金要和其他要素实现联动。

（4）实施阶段

以上三个阶段是独立于企业原有的业务之外的。在实施阶段，企业要想将创新成果用于市场以产生经济效益，就需要将其与企业原有的业务进行组合衔接，因此要求企业要有一个能容易接纳创新的生产结构。这既可以通过新建工厂，也可以通过将现行的生产结构根据创新成果进行生产要素重新分配而实现。

以上分析表明，企业创新运行机制的建立需要一个完整的人才机构体系来支撑，为创新活动提供必要的资源和条件，对创新中涉及的多种元素进行合理制衡和组织，充分发挥人才和机制的作用，为企业的创新运行创造有利条件。现在很多企业都面临着组织结构分散，各部门协同性弱等问题，这对企业创新机制的良好运行非常不利。要解决这个问题，就需要深化企业制度改革。建立柔性化和扁平化的组织架构也有利于企业快速适应变化，灵活地应对市场需求和新兴技术的发展。因此，在企业创新运行机制中，建立知识和信息的共享机制、柔性化和扁平化的组织架构都是非常重要的方面。

3.构建企业创新发展机制

企业通过创新得到了超额的利润，而要使这种利润能随着时间的流逝不断增长，就需要建立企业创新发展机制。

创新利润是企业创新发展机制的内动力所在。只有充分利用企业的内部资源，不断吸收外部资源和创新人才、高新技术，才能为创新机制的发展提供有利环境。现代企业面临的市场竞争非常激烈，信息技术更新换代较快，若企业不能巩固并发展现有的创新优势，就会在市场竞争中处于不利的地位，最终可能会被淘汰。

构建企业创新发展机制需要考虑以下几个方面：

资源配置机制：通过优化资源配置，合理配置人力、物力、财力等资源，提高资源的使用效率，从而推动企业的创新发展。

人才培养机制：加强人才培养，提高员工创新能力，通过创新教育、技术培训、创新实践等方式，激发员工的创新热情和能力，提高企业的整体创新力。

绩效激励机制：建立科学合理的激励机制，对于那些做出重大贡献的创新人员，给予合适的奖励和荣誉，以鼓励更多人参与创新。

合作共赢机制：通过与其他企业、机构的合作，实现资源共享和优势互补，通过合作共赢，推动企业的创新发展。

知识产权保护机制：建立健全的知识产权保护制度，确保企业的知识产权得到合法保护，避免知识产权被侵犯，从而促进企业的创新发展。

（二）激励创新人才策略

到底怎样才能留住人才，让人才发挥主观能动性并自觉进行创新，是每个管理者都要思考的问题。以下提供一些能激发员工创新热情的建议。

1. 打造明星

企业的创新不能指望从底层发起，而是要从创始人和高层人员开始。因为即使最富有创造力的员工也无法通过自己的力量来验证并推动创新，而是需要有人来领导，于是，就需要打造一个创新明星、创新榜样。高层人员不能只是在口头上说说创新，而是要以自身行动来告诉员工，企业无比重视创新，创新已经是管理层日常生活的一部分，员工更应该这样。

2. 设立目标

创新不是凭空出现的，创新是需要目标引领的，员工应该清楚公司的发展目标以及现阶段、下阶段的发展目标，然后才能清楚哪个领域是公司未来要进行创新的目标，否则创新容易跑偏。

3. 设置奖励

大型企业可以奖励创新员工一大笔钱，但是作为一家没有多少资金的初创企业，要这样做比较挺困难，但仍然可以通过其他方式来激励员工进行创新，如，在公众场合夸奖员工，提供小额奖金，允许带薪休假或者给员工升职，都是对员工创新认可的好方式。即使员工的创新最后没有为企业利润，管理层仍需要让其他员工知道，这位员工为了创新付出了很多努力，企业非常欣赏这种创新精神。

4.把创新写入员工职位描述中

在每个员工的职位描述中加入对创新的要求，让创新成为从主管到客服等公司所有职位的基本要求。当然，并不是说每一位员工都要进行能产生巨大利润的建设性创新，但他们只要能时刻反思自己的工作，每天进步一点儿，对公司的运转提出自己的见解，都是值得鼓励的。

5.定期开展兴趣日活动

谷歌公司著名的"百分之二十"活动就是一个例子。谷歌公司每周允许员工花一天的时间研究工作之外的活动，这天就是公司每周举办的兴趣日活动。在这天，员工可以没有任何负担地探索自己想探索的事情，在自由自在中产生一个又一个的创意。

6.尊重员工提出的创意

没有比忽视、不认真考虑或者直言员工的创意不够更能毁灭员工的创新热情了。这和朋友间和谐相处的原理一样，不尊重对方就会伤害彼此的感情。这就需要设计一个收集员工创意的机制，认真听取员工的创意，并尊重这个创意，以确保创新点子不会无故消失。

7.执行创意

很多创意在最后阶段并没有得到执行，只是这个过程喊得轰轰烈烈。如果员工的创意得不到执行，那么员工会觉得公司不重视其创意，若企业没有创新文化，则自己创新的热情就会受挫，企业管理者接下来就会发现员工的创意源泉在逐渐干涸。在遇到好创意的时候，不要放过执行的好机会，组建一个小团队让其对创意进行考证和修正，并进行实验，而后看其是否能够进行市场化。

（三）改进需求

1.精益创业的概念界定

一家创业公司成功的关键，不是一开始方案制定得多好，而是在资源和资金耗尽之前经过不断迭代，找出一个真正可行的方案。每个创业者都在试图构建出一个颠覆性的创新的商业模式，但这个模式能否被市场接受，客户是否买单，并不取决于创业者，而是需要试错，需要迭代。精益创业是一种能快速进行低成本试错的方法。

精益创业理论就是用最小的成本和最快的速度验证一个想法，将客户最需要的功能进行提炼，确认最初版本后推出，然后再进行及时的修正和完善，以满足用户和市场需求的不断变化。

传统的创业理论认为，一个伟大的产品只是来自创始人高瞻远瞩的战略。该理论还认为，在一个长时间的产品研发周期中，一般来说，用户不会参与到产品的研发阶段，产品推出后用户才会进行使用。在这之前，用户也不能准确地说出自己的需求是什么，只有当产品能够满足他们的需求时，才能知道这就是自己想要的，但是精益创业却不再延用这种思路。

2.精益创业方法理论

（1）精简式反馈

很多团队将界面进行功能系统化和美观化后才会展现给客户，然而事实并非如此，若要获得有用的反馈和评价只需要将各种功能组织到一起，则给予用户点击的空间就可以。实践发现，用户非常喜欢这些功能互动，并将其看成是最终产品。这非常有助于创业公司对设计的有效与否做出评价。

（2）客户采访

产品设计应该建立在各种收集到的数据基础之上。总而言之，深入挖掘自己的潜在客户才是设计的最终目的，以此来不断完善产品。

（3）以小见大

从功能的一部分上就能知道用户是否对该功能产生兴趣。开发者往往可以从其他项目中获得灵感，但是却不需要将整个功能进行开发，只需要进行第一个按钮的设置，仅当访问者点击数达到预期目标时，才需要进行功能的继续完善。

（4）判断

开发者还可以利用竞争对手的产品，了解消费者的使用情况，从而得出哪些功能有必要设计、哪些功能可以忽略不计。这样能够使产品设计更有针对性。

（5）微调查

还有一项调查方式是精益创业所必须具备的，那就是将调查和当前的研究内容融合到一起，即微调查。例如，利用一个弹出式的调查问卷来了解客户对定价计划的认可程度。这种方法比电子邮件的方式更加具有时效性和便捷性。

3. 破坏式创新方法

改进需求的另一种方法，是破坏式创新。一个微型公司，仅拥有比较少的资源却能成功挑战行业内的大公司，改变市场的格局，使自己成为市场新星——这就是破坏式创新。

当市场上的巨头在苦苦埋头钻研如何改进产品，如何为能带来高利润的客户和消费群体提供更好服务的时候，它们忽略了那些大量的不能提供高利润的客户和消费群体。破坏性创新往往就从这个群体入手，市场的闯入者向这些被主流市场忽略的消费群体提供能满足他们的、和行业现有大公司不一样的产品或者服务，站稳脚跟。

行业内的领导者这时候仍在关注如何从高利润群体那里追求更高的利润，他们会忽略低端市场，将重心放在提升高端消费群体的满意度上，对这些刚刚进入市场的公司视若无睹，而市场闯入者在继续吸引低层次消费者并巩固堡垒的同时，也不断改进产品与服务，之后，向中层消费者（或者称为主流消费者）提供能满足其需求的产品，从而获取这部分客户。这很形象地阐述了服务或产品的质量会随着时间不断得到提高，大型企业已经充分意识到云技术对自身的益处，诸如，沃尔玛、麦当劳等，在信息技术上常常投入大量资金，因此它们拥有先进的技术解决方案，能用远超同行的技术去分析消费者的数据，从而做出更好的企业决策。而基于云技术的软件即服务（SaaS）平台的诞生，让所有企业甚至个人都能通过云计算使用信息化服务，从而管理公司的人力资源以及其他方面，在投入少量资金的情况下能得到几十倍的收益。

第四节　企业融资及其风险管理

融资对于创业企业的生存与发展至关重要。融资的具体过程、融资渠道、企业的合理估值以及融资行为本身所带来的风险等，都是创业企业在融资前要扎实做好的功课。

一、企业融资的准备过程

融资对于初创企业来说至关重要，而融资前充分的准备可以使创业者明确自己的融资目标，提高获得融资的概率。融资前的准备包括确定融资框架、制订商业计划书和筛选目标投资商，而正式进入融资过程则需要与投资方初步接触和深入接触、审阅投资意向书、尽职调查和签约打款几个过程。

（一）融资前的准备工作

1. 企业融资框架的确定

融资前创业团队内部首先要确定一个融资框架。融资框架包括：①确定融资额度；②确定出让股份；③期权的设置；④确定一个融资代表，与投资方进行接洽与谈判；⑤事先确定企业的估值范围。这些都是需要在融资前就要决定好的，提前确定融资框架是非常重要的，因为这有助于创业团队内部达成共识并明确各自的角色和责任。确定一个清晰的融资框架能够帮助创业团队更好地规划和执行融资计划，从而提高融资的成功率。

2. 商业计划书的制订

商业计划书是一个全面系统的文件，用于介绍商业想法和创业计划。它包含了有关企业目标、战略、市场、产品、组织架构、管理、财务等各个方面的详细信息。制订商业计划书是为了让潜在投资者和利益相关者更好地了解企业的计划和预期，并向他们展示商业模式和盈利能力。

以下是商业计划书制订的一般步骤：

确定商业计划书的目标：商业计划书应该明确概括你的商业计划，提供给潜在投资者和合作伙伴一个全面、清晰的视角。

编写执行摘要：执行摘要通常是商业计划书的第一页，它应该简洁明了地介绍商业计划书的主要内容，概括企业的商业模式、市场定位、产品和服务以及预期的盈利模式。

描述企业和行业：企业和行业描述是商业计划书的重点，包括行业分析、市场研究和竞争分析等内容。这些分析可以帮助你了解市场和竞争环境，并找到最佳的商业模式和盈利策略。

产品和服务：在商业计划书中，应该清晰地介绍产品和服务的特点、优势以及市场需求。如果有专利或知识产权，应该详细描述。

市场营销策略：在商业计划书中，应该描述市场营销策略，包括品牌营销、市场推广和销售渠道。同时，应该确定目标市场，评估市场需求和消费者行为，并规划营销预算。

组织架构和管理：商业计划书中应该描述企业的组织架构和管理模式，

包括公司治理结构、领导团队和员工职责等。

财务计划和预算：商业计划书中应该包括财务计划和预算，包括资金来源和资金用途。财务计划应该包括收入、成本、利润预测和现金流量预测等等。

风险评估和管理：商业计划书中应该描述潜在的风险和威胁，并提供解决方案和应对措施。

总结和推荐：商业计划书的最后一部分应该总结概括，表明企业的优势。

3. 目标投资商的筛选

国的投资市场已经逐渐成为世界上最活跃的投资市场之一，拥有众多的投资机构和投资人。针对不同类型的创业项目，创业者可以选择不同类型的投资机构进行合作，例如，天使投资、风险投资、私募股权投资等。创业企业在融资之前需要进行一定程度的筛选，筛选出对于企业来说最有价值的投资商。下面的筛选依据可以为创业者提供一定的参考。

（1）品牌价值

应该选择那些能够给企业带来品牌效应的投资商，这些投资商的认可有利于之后获得更多的投资。

（2）战略价值

战略价值是指投资商所属的行业和领域。例如，有些投资人只对电子商务领域进行投资，有些只对云计算领域投资或者移动互联网投资。战略价值包括两个组成部分：一个来自投资商本身的实力；另一个则是来自它所投资的企业。

（3）竞争分析

若一些投资方可能已经投资了创业企业的竞争对手，则需要放弃。

通过分析，筛选出来的潜在的投资商就是创业企业需要瞄准的目标。

（二）融资过程解析

1. 与投资方初步接触

如果投资机构或投资人对项目感兴趣，一般会与创业者约谈，进行初步的沟通。在这个过程中，投资方会提出许多意见与建议，商业计划书需要进行进一步升级，这就意味着创业团队需要不断地修改商业计划书。投资商还可能修整企业的融资框架，调整企业的估值。商业计划书修改得越完备、可操作，创业者获得融资的可能性就会更大。

2. 与投资方深入接触

与投资方深入接触可以帮助创业者了解投资方的投资偏好、投资策略、风险偏好、投资周期等方面的信息。创业者可以通过以下几种途径与投资方深入接触。

（1）参加创业大赛和创业活动。创业大赛和创业活动是与投资方深入接触的一个重要途径。通过参加创业大赛和创业活动，创业者可以与多个投资方进行交流和沟通，了解投资方的投资偏好和投资策略，为日后的融资做准备。

（2）利用社交网络。现在的社交网络非常发达，创业者既可以通过社交网络了解投资方的最新动态和投资信息。可以通过社交网络与投资方建立联系，寻求投资方的意见和建议。

（3）参加行业展览和论坛。参加行业展览和论坛是与投资方深入接触的一个重要途径。通过参加行业展览和论坛，创业者可以与多个投资方进行面对面的交流和沟通，了解投资方的投资偏好和投资策略。

（4）利用中介机构。创业者可以利用中介机构与投资方进行接触。中介机构可以为创业者提供专业的咨询和服务，帮助创业者了解投资方的投资偏好和投资策略，并为创业者寻找合适的投资方。

3. 审阅投资意向书

审阅投资意向书时，首先需要仔细阅读文本，了解投资方的基本信息和投资意向。其次需要关注投资方提出的要求和条件，包括投资金额、股份比例、投资期限、退出机制、管理和决策权分配等。再次也需要关注投资方对项目的分析和评估，了解其对项目的认识和预期收益情况。最后，需要对投资意向书进行分析和评估，判断是否符合企业的发展需求和利益，有无风险和隐患。如果需要，也可以与投资方进行沟通和交流，就意向书的细节和条款进行深入的讨论，以达成共识和进一步合作的可能。

4. 尽职调查

尽职调查（Due Diligence）是指投资者在进行投资决策前，对待投资标的进行的全面、系统、深入、客观的调查研究，以了解所投资标的的内部管理、财务状况、法律风险、市场环境、竞争对手、行业前景等各方面的情况，从而降低投资风险，确保投资的安全性、合法性和合理性。

5. 签约打款

资金没有到账之前，一切都存在变数，违约是所有投资人都不愿意做的事情，但现实中难免出现意外。一旦资金到位，融资完成，投资人与创业者就会开启一种新的伙伴关系。

二、企业创业融资渠道

（一）融资渠道的种类

1. 自筹资金

自筹资金包括创业者或合伙人、股东的自有资金、向亲戚朋友借钱和向企业内部成员集资等。私人资本包括天使投资、风险投资和私募股权等，已经成为创业企业获得资金的重要来源。相对于传统融资方式，私人资本的融资成本更高，但是，其对于创业企业的支持和资源整合能力也更强，更有助于创业企业的成长和发展。同时，私人资本对于投资项目的风险承受能力也更高，更有可能成为创业企业的"天使"，推动其成长和壮大。

2. 天使投资

天使投资是针对还未成型或者尚处于构思形态下的项目，由非正式风险投资机构或者自由投资者给予的一次性前期投资。天使投资属于一种风险投资，不过其概念却同风险投资有着本质的不同：天使投资的投资者一般是非组织化的、自由的，民间资本是其主要的资金来源。准入门槛较低，无论是一个创业构思也好，还是一项发展潜力也罢，都能作为天使投资的项目。

天使投资对于互联网创业公司来说至关重要，创业公司以创业初期最为艰难，天使投资介入的时候，是创业者最需要资金的时候，由于企业非常弱小，难以获得贷款和风险投资，此时的天使投资无异于雪中送炭。

天使投资主要有3个特点：①高科技，投资对象大多是处于种子期和初创期的中小型高科技公司，投资的目的不是项目本身，而是高新技术背后所潜在的巨大利益；②高风险，从投入到退出时间比较长，中间经历复杂多变的各种要素，因此具有较大的投资风险；③高回报，天使投资一般投资于具有高成长性的科技和技术项目，一般收益可达投资金额的数十倍。

3. 风险投资

风险投资是指将资金投入到有创新、有成长性、高风险的企业中，以获取较高的回报率。风险投资机构通过对企业进行深入的研究和评估，为其提供资金和战略指导，以帮助其实现快速成长和价值最大化。风险投资在创新创业领域发挥了重要的作用，为初创企业提供了资金支持和行业经验，推动了创新创业的发展。

4. 私募股权投资

私募股权投资是一种为企业提供股权融资的非公开融资方式，通常由专业的私募股权投资基金管理人发起成立，以募集资金为主要手段，投资于不同阶段、不同行业的高成长潜力企业，以期在股权转让、IPO 等时机获得高额投资回报。私募股权投资一般分为三个阶段：种子期、初创期和成长期，投资周期较长，一般为 5—10 年以上。私募股权投资基金管理人在进行投资决策时，除了考虑企业的财务状况、经营管理和市场前景等因素外，还会参考投资人的背景、经验和信誉等因素，以确保风险可控，投资回报可期。私募股权投资对于中小企业获得融资，促进企业发展和产业升级具有重要的作用。

5. 众筹融资模式

众筹融资模式是指通过互联网平台，将创业企业的融资需求发布出去，吸引大量投资者小额投资，最终凑集到足够的融资金额来支持企业发展的一种融资方式。相对于传统融资方式，众筹融资的优势在于：（1）降低了融资门槛，让更多人参与到投资中来;（2）可以快速获取资金，缩短了融资周期;（3）为企业提供了品牌宣传和市场测试的机会。同时，众筹融资也存在一些风险，如项目风险、信息不对称等，需要投资者和企业双方谨慎对待。

6. 政府资金

获得政府引导基金投入的企业都具有良好的发展前景，市场潜力巨大，这也成为吸引其他投资者的强有力依据。也就是说，只要企业能够获得政府引导基金的投入，那么，获得其他投资者的资金支持就变得非常简单。

（二）不同阶段的融资方式

不同阶段的融资方式可以根据企业的不同需求和发展阶段而变化，以下是一些常见的融资方式。

初创期融资：初创企业需要的融资通常是种子轮融资或天使轮融资。这些资金通常来自个人投资者、天使投资人或风险投资机构。

发展期融资：当企业在发展过程中需要大量资金来扩展业务时，可能会考虑通过风险投资、私募股权投资、债务融资等方式进行融资。

成熟期融资：当企业进入成熟阶段时，可能会考虑通过公开发行股票、债券融资、银行贷款等方式进行融资。

上市融资：当企业规模大到一定程度时，可能会选择在证券市场上市，并通过股票发行融资。

需要注意的是，不同的融资方式具有不同的优缺点和适用条件，企业应该根据自身情况和需求选择合适的融资方式。同时，也需要根据不同的融资方式来制订相应的融资计划和策略。

三、企业融资估值

（一）种子期企业的估值

种子期企业的估值通常是相对较低的，因为在这个阶段，企业尚未进行商业化运营，也没有实现盈利。因此，种子期企业的估值主要依据以下几个方面。

创始人和团队：创业团队的背景、经验和技能对于企业的未来发展至关重要，因此，他们的能力和经验将成为种子期企业估值的重要因素之一。

市场前景：种子期企业需要证明它们的业务模式和产品或服务是具有潜力的。因此，企业所在市场的前景以及竞争环境将对企业的估值产生影响。

产品或服务：种子期企业的产品或服务是否具有市场需求，是否能够满足消费者的需求，是估值的重要因素之一。

知识产权：知识产权如专利、商标、版权等对企业的估值也会有影响，因为它们能够为企业创造竞争优势，防止竞争者模仿。

总的来说，种子期企业的估值比较灵活和主观，需要结合具体情况来确定。

（二）成长期企业的估值

通常通过创业者动态询价来完成创业公司的 A 轮估值。创业者先决定初始价格，之后将项目和价格提供给不同的投资公司。只要投资公司对价格和项目表示满意，就可以获得投资公司的融资。反之，创业者则只能主动降价，直到找到合适的投资人。

处于 A 轮融资的公司一般规模不大，对其进行估值不能利用日常的运营数据，所以其融资金额也不大，一般为 100 万—500 万元，偶尔可能会达到 1000 万元，持股比例通常为 20%。

到 B 轮融资阶段，不同公司的融资金额和估值都会有较大的差别。这时候个体影响系数变大，行规影响系数降低，项目成为估值最主要的依据。这一轮融资过程中，价格已经不是投资人最看重的内容，投资人的目标转为帮助创业公司成为行业第一，使公司占据市场份额的 50% 以上。

之后再到 C 轮、D 轮融资为止，都需要参考同等类型公司的估值。例如，对拉勾网进行投资时，投资人会根据拉勾网所属行业，将其在互联网垂直招聘、市场空间以及访客单价等方面与行业翘楚——前程无忧进行对比。目前，前程无忧的市值为 20 亿美元左右，投资人会根据这一数据进行融资额和占股比例的确定。

涉及公司估值的具体计算方法时，创业公司作为一种非公开招股公司，其常见的估值方法包括以下 3 种。

1. 重置成本法

这一方法以现有的条件为前提，对评估对象的购置或者建造所需要花费的全部成本进行全新评估，然后减去必要的损耗来确认公司的估值。其一般依托初创公司的所有资金支出，以此作为估值谈判的低价。这一方法的不足之处在于在进行估值确认时没有考虑公司的无形价值以及预期收益增长，这往往会造成评估价值低于实际价值。

2. 现金流折现法

这一方法利用折现率来预测现金流的总现值，进而估算企业价值，将企业的竞争对手、政策影响、成本因素以及行业前景都考虑进去了，企业所处发展阶段和行业特点也会对贴现率产生影响。现金流折现法以公司未来的经济表现为前提和基础，比较完整正确地体现出创业公司的价值，因此这种估值方法最为有效。不过这一方法也有不足之处，主要表现为过多的预测参数导致结果的准确性受到较大的影响。

3. 市场法

这一方法是通过参照可比上市公司或者可比近期交易进行估值的一种方法，这种方法的优势在于操作简单，其需要解决的首要问题是找到合适的参照物，这也是市场法估值准确性的保障，但是实际数据的收集难度也较大。

一般通过找出可比近期交易或者可比上市公司与被评估公司之间的差异来进行对应修正。一般来说，具有大量无形资产或者独有资产的创业公司不适合采用市场法进行估值。

四、企业融资过程中的风险

任何一种融资途径都会有其不足之处，所有的融资都需要一定的资金成本和复杂劳动才能获得，而且风险的存在也是不可避免的。不管创业者如何优秀，在进行融资洽谈时都处于弱势地位。另外，创业者对融资中可能会遇到的成本预算和风险控制有比较系统的了解也是非常重要的，这样才能有效地提高融资活动的成功率，进而推动创业企业的全面发展和壮大。

（一）企业融资规模和时机不当引发的融资风险

创业企业的实际情况是制定融资战略和确定融资规模的主要依据，融资规模的适当性能够促进企业稳定发展，避免产生较多的不确定性，给企业的可持续发展埋下隐患。

1.融资规模小可能造成的风险

和成熟公司相比，创业企业的财务状况具有一定的特殊性。成熟企业不管规模大小，都拥有稳定的客源和销售收入，而创业企业则不具备这一优势。企业创业的初期需要投入大量的成本资金，越是成长迅速，资金消耗也会越大，因此企业创业的初期需要充足的资金保障，这样才能让创业企业安稳度过初期阶段，迅速地发展和壮大起来。

创业者还可能面临的一个问题就是虽然能够募集到所需要的资金，但是有可能会被投资者以企业控制权的交换为条件，导致创业者失去创业企业的控制权。所以，一般来说，创业者都会选择融资规模小且不会牺牲控制权的方式来进行融资，往往这也使其获得的融资金额非常有限。

2.融资规模过大可能造成的风险

融资规模一定要适当才是最合适的。若融资金额远远高于所需资金投入，则有可能造成创业企业放松财务预算，造成资金的浪费和流失等，给企业的发展带来毁灭性的伤害。若创业企业在初期主要依靠自有资金，则很多财务问题也会随着发展的推进而逐步凸显出来，需要企业不断想办法解决。

3.融资时机过晚带来的风险

创业企业要把握好融资时机，既不能过早，也不能过晚，切合实际融资能够帮助企业解决资金难题，但如果没有掌握好时机，无论过早还是过晚，都会导致增加成本或放弃控制权等，这给企业的发展带来不确定性。

创业企业在发展的起步阶段需要大量的资金投入，不但资金量要充足，更要及时投入。因此，创业企业创始人一定要做好规划，及早做好资金准备，切勿临时抱佛脚，造成企业因资金周转不灵而面临破产。尤其对于新公司来说，筹资的及时性更是其长远发展的重要保障。通常来说，获得一笔融资需要 8 个月以上的时间。因此，创业企业初期面临的不仅仅是现金流的问题，还有资金及时性问题。

若融资不能及时到位，会给企业管理团队的信誉带来沉重的打击，使创业者在融资谈判中处于不利地位。

（二）企业商业秘密可能被公开的风险

信息披露是极容易被忽视的"成本"，有利于吸引投资者的关注。投资者需要进行多方面的了解才能将资金投入企业，因此需要对被投资企业进行很多跟进工作，信息披露是其中重要的环节。企业在筹资时，可能需要 5 种、10 种乃至 50 种公司情况介绍方案，主要内容涉及管理层的能力构成、股权结构、如何盈利、公司的竞争优势、公司的市场地位以及技术情况等。公司和个人的财务状况也是投资者所关注的重点内容。

以上要求需要创业者将个人和公司的财务报表、公司营销计划、市场竞争战略、公司所有权、报酬安排，以及公司的优劣势都予以披露和通报，使创业者的商业秘密在融资过程中存在被公开的风险。

（三）风险投资协议条款可能引发的风险

每个创业者都必须充分理解"优先股""优先清算权""对赌协议""防稀释条款""完全棘轮条款"等概念。创业者通常会接受这些条款以获取更多的融资金额，而对于风险投资方，这一系列投资条款清单，从十几条到几十条，都是从以前的实践中得出的经验总结，可为创业者的投资利益进行保障和制约。风险投资方非常明确的是融资协议往往要比估值更有用，这些规定能够在公司发展不顺时保障自己的财产不受损失，因此，一旦出现问题，风险投资协议中的某些看似无害的条款，可能会引发对于创业者来说极其严重的后果。

1. 清算优先权

清算优先权（liquidation preference）是指投资人在创业公司被清算或被收购时优先于其他股东获得分配的资金或收益。这是一种保护投资人投资本金的机制，通常包括以下几个方面。

投资人获得优先分配的资金或收益；

投资人的优先分配金额通常为其投资本金的一定倍数；

在投资人的优先分配金额获得满足之前，其他股东不能获得分配；

投资人的优先分配通常与公司估值有关，估值越高，优先分配的金额就越大。

清算优先权的设置对于创业公司融资非常重要，因为它能够保护投资人的权益，让他们更加愿意投资。但是，对于其他股东来说，过高的清算优先权可能会影响其投资回报，因此需要在协商融资协议时进行谨慎的考虑和平衡。

2. 防稀释条款

风险投资机构进入创业企业的阶段不同而占有不同系列的优先股，风险投资机构可以优先将这些股权转换成普通股。投资协议中的防稀释条款起到为风险投资机构的优先股进行保价的作用，还有降价融资防稀释保护条款的设置，是为了确保投资机构的股权不会在后续的继续融资中被稀释而设立的。不管是创业企业家还是风险投资机构，都不会对结构性防稀释条款产生异议，但是对后续降价融资防稀释条款的争议则比较大。

防稀释条款可以分为以下三类，即对投资方有利的完全棘轮条款、相对中立的加权平均条款以及对于创业者有利的无防稀释条款。需要注意的是，防稀释条款中的完全棘轮条款是指如果创业企业后续发行的股份价格低于前轮投资人当时适用的转换价格，那么前轮投资人的实际转化价格也要降低到新的发行价格。

防稀释条款虽然具有合理性，但是对于创业者来说同样具有风险，首当其冲的就是创业者的股权。风险投资机构可以利用降价融资防稀释条款确保自己获得优先股向普通股转换的特权。这种条款的设置在很大程度上保障了风险投资机构的利益，并且可以确保风险投资机构所持有的优先股不会因为企业的继续融资而发生稀释。

防稀释条款的另一个风险是可能加大创业企业的后继融资难度。创业企业家进行后续融资会使股价下降，这是由正常的股份数量增加而导致的，这样不利于创业企业家的盈利形成和资本积累，对股价的上涨空间形成制约，导致融资价格往往高于以往的融资价格。加上防稀释条款的限制，创业企业家在进行继续融资过程中会提出比市场预期价格更高的价格，加大融资工具的销售难度，往往导致融资目标成为一纸空谈，无法真正完成。

3. 对赌协议

对赌协议就是投资方与创业企业在达成融资协议时，可以约定好未来可能发生的一些不确定情况。若出现约定好的情况，则投资者有权行使一定权利的保障；若约定的情况没有出现，融资方有行使另一种权利的保障，因此也可以将对赌协议理解为一种期权。企业未来盈利能力具有一定的不确定性，是对赌协议产生的主要条件和前提，这样才能够让投资双方的利益都得到公平合理的保障。

融资协议不存在优劣之分，任何一份融资协议都是需要看谈判结果的，属于高风险投资。不过从创业者的角度而言，如果在公司经营出现问题时才发现协议对自己不公平，那么也只能算是创业者自己的问题了，所以，在签订风险投资协议时，创业者应该谨慎对待其中的条款，考虑清楚其可能带来的风险。

参 考 文 献

[1] 苏白茹 . 大学生创新创业基础 [M]. 厦门：厦门大学出版社，2019.

[2] 李子毅，刘佩 . 汪友仁，彭进香参 . 大学生创新创业指导 [M]. 北京：北京理工大学出版社，2019.

[3] 万生新，姬建锋 . 大学生创新创业教育 [M]. 西安：陕西人民出版社，2019.

[4] 高其胜 . 大学生创新创业基础 [M]. 长春：东北师范大学出版社，2019.

[5] 陆相欣，许述敏，孙体楠，王剑，樊立 . 大学生创新创业基础 [M]. 武汉：华中师范大学出版社，2019.

[6] 刘启华 . 大学生创新创业基础 [M]. 北京：研究出版社，2019.

[7] 陈雄 . 大学生创新创业实务 [M]. 厦门：厦门大学出版社，2019.

[8] 颜弘 . 大学生创新创业教程 [M]. 哈尔滨：哈尔滨工程大学出版社，2019.

[9] 李贺，王畅 . 大学生创新创业基础 [M]. 北京：北京理工大学出版社，2019.

[10] 康海燕 . "互联网 +"大学生创新创业实践教程 [M]. 北京：北京邮电大学出版社，2019.

[11] 吕娜，鲁玲 . 大学生创新创业 [M]. 中国原子能出版社，2020.

[12] 邓向荣，刘燕玲 . 大学生创新创业 [M]. 北京：北京理工大学出版社，2020.

[13] 刘治 . 大学生创新创业 [M]. 沈阳：东北大学出版社，2020.

[14] 刘延，高万里 . 柏文静，林艳辉，王沛，王肖红 . 大学生创新创业基础 [M]. 武汉：华中科学技术大学出版社，2020.

[15] 傅时波.大学生创新创业基础 [M].北京：中国原子能出版社，2020.

[16] 柳谊生.大学生创新创业基础 [M].北京：中国言实出版社，2020.

[17] 蒋德勤.大学生创新创业基础 [M].北京：中国商业出版社，2020.

[18] 闫江涛，赵伟杰.大学生创新创业基础 [M].成都：电子科学技术大学出版社，2020.

[19] 钟宇，胡俊岩.大学生创新创业基础 [M].北京：北京理工大学出版社，2020.

[20] 李雪萍.大学生创新创业基础 [M].成都：电子科技大学出版社，2020.

[21] 陈建.大学生创新与创业基础 [M].北京：北京理工大学出版社有限责任公司，2021.

[22] 赵新，黄新华.大学生创新创业基础 [M].北京：北京理工大学出版社，2021.

[23] 宋建卫，魏金普，杨洪瑞.大学生创新与创业教育 [M].北京理工大学出版社有限责任公司，2021.

[24] 罗纯，纪忠杰.曹加文，邓彦敏，陈偶娣.大学生创新创业基础 [M].北京：北京理工大学出版社，2021.

[25] 沈丹，杨百忍，孟昕.大学生创新创业教育 [M].南京：河海大学出版社，2021.

[26] 杨复伟，张美华.大学生创新创业实践手册 [M].重庆：重庆大学出版社，2021.

[27] 李海灵，单莹.师范院校大学生创新创业实务 [M].成都：西南交通大学出版社，2021.

[28] 姜家兴.大学生创新创业的理性指导与分析 [M].北京：北京工业大学出版社，2021.

[29] 黄恒荣，马宁，李宪平.大学生创新创业基础与实践 [M].上海：上海交通大学出版社，2021.

[30] 李明慧.大学生创新创业理论与技能指导 [M].成都：四川大学出版社，2021.